부모가 놓치지 말아야 할
배움의 적기가 있다!

✦✦✦

──── 먼저 책을 접한 독자들의 뜨거운 반응 ────

- 조급함과 나태함 사이에서 불안해하는 엄마들에게 꼭 권하고 싶은 책이다!
- 취학 전 어디까지 가르쳐야 할지 고민이 많았는데, 그 고민을 단숨에 해결해 주었다.
- 아이들을 가르치면서 시기를 놓치고 후회하는 엄마들을 많이 보았다. 아이를 키우는 부모, 예비 학부모, 교육자들에게 꼭 필요한 내용만 담겨 있다.
- 이 책은 학습의 시기를 늦춰야 한다고 말하지 않는다. 적절한 시기에 필요한 교육을 해야 성장한다는 진리를 일깨워 준다.
- 가까이 두고 수시로 읽으며 마음을 다잡는 책이다.
- 부모의 기대와 아이들의 눈높이는 얼마나 차이가 날까? 이를 생생하게 확인할 수 있다.

다시, 적기교육

0~7세 아이의 뇌 발달단계에 맞춘 최적의 교육법

다시, 적기교육

이기숙 · 강숙현 · 강민정 · 강수경 지음

글담출판

적기교육으로 제때에 출발한 아이가 목적지에 정확히 도착합니다

아이를 잘기르고 싶은 부모님들에게

『적기교육』을 출판한 지 꼭 10년 만에 제자들과 함께 새 책을 집필하게 되었습니다. 어떻게 보면 이 책은 『적기교육』의 개정판이기도 하면서 최근 대두되는 영유아교육의 내용들을 담은 새로운 책이기도 합니다. 저는 대학에서 유아교육을 전공하고 유치원 교사, 유아교육과 교수, 유치원 및 어린이집 원장으로 50여 년을 행복하게 보냈습니다. 미국에서 공부할 때는 유치원에서 세계 여러 나라 아이들과 생활할 기회가 생겨, 유아교육의 이론과 경험을 다양하게 쌓을 수 있었습니다. 또 운 좋게도 10여 년이 넘는 기간 동안 한국과 중국, 일본 등 동아시아 유아들의 조기교육 현황을 심도 있게 연구할 기회를 갖기도 했습니다. 그 과정에서 저는 우리나라 유아교육이 나아갈 방향에 대해 깊이 고민하였고 조금씩 그 답을 찾아나갔습니다.

그런데 세월이 흘러 돌이켜보니 저에게 육아에 대한 통찰력을 심어준 것은 앞선 이론이나 연구 결과가 아니었습니다. 그것은 바로 한 아이를 기른 엄마로서의 경험과 유아교육 현장에서 부모님들과 나눈 속 깊은 대화였습니다. 아이 때문에 행복했던 순간, 아이 때문에 가슴 아팠던 순간, 아이를 잘 기르고 싶어 하는 부모들의 애타는 마음……. 이와 같은 양육의 희로애락이 저에게 큰 힘이 되었습니다.

그 소중한 기회들을 통해 저는 양육에서 가장 중요한 것은 '적기교육'이라는 확신을 갖게 되었습니다. 제가 경험을 통해 알게 된 육아에 대한 지혜와 그러한 확신을 얻게 된 새로운 이론들을 현장에서 많은 활약을 하고 있는 강숙현, 강민정, 강수경 교수와 함께 이 책에 꼼꼼하게 담으려고 노력했습니다.

'배움의 적기'를 놓치지 않아야 합니다

적기교육은 아이의 발달 단계와 준비 정도에 맞춰 그 시기에 꼭 맞는 교육을 받게 하는 것을 의미합니다. 조기교육에 익숙한 분들 중에는 적기교육이 교육의 시기를 늦추는 것이라고 오해하는 경우가 있습니다. 그러나 적기교육의 정확한 취지는 '배움의 적기'를 놓치지 않는 것입니다. 뇌 과학과 교육학 등의 학문이 발달하며 이제 우리는 아이가 어떤 과정을 통해 발달하는지, 아이의 발달에는 어떤 특징이 있는지 보다 분명하게 알게 되었습니다. 적기교육은 바로 과학적인 이론을 바탕으로 한 최고의 양육법입니다.

처음 『적기교육』을 출판할 때까지만 해도 적기교육은 생소한 단어였습니다. 그러나 이제는 교육청에서도 '적기교육'을 권장하는 캠페인을 하고 있으며, 적기교육을 지지하고 고민하는 부모 모임도 운영이 되고 있습니다. 이분들의 혜안과 용기에 진심으로 큰 박수를 보내고 싶습니다.

적기교육을 정확히 이해하기 위해서는 조기교육에 주목해야 합니다. 사실 조기교육은 '어린 시기의 교육'이라는 말로, 오랫동안 유아교육과 같은 의미로 사용되었습니다. 그런데 그 뜻이 점점 변질되어 연령보다 앞서서 가르치는 '선행 교육'의 개념으로 통용되고 있습니다. 그 결과 이제는 조기교육이 무한 경쟁 사회에서 살아남기 위한 성공의 열쇠처럼 인식되고 있습니다.

그러나 우리나라에 조기교육 열풍이 분 지 수십여 년이 지난 지금 그 문제점이 속속 밝혀지고 있습니다. 이 책에는 조기교육이 아이들에게 미치는 영향에 대한 다양한 연구 결과를 담았습니다. 특히 유아기에 한글과 수학과 관련한 조기교육을 받은 아이들의 국어 성적과 수학 성적을 10여 년에 걸쳐 추적 연구한 결과를 실증적으로 제시했습니다. 연구 결과를 보면 먼저 출발한 아이가 목적지에 먼저 도착한다는 생각이 잘못되었다는 것을 분명히 알게 될 것입니다. 그리고 제때에 출발한 아이가 목적지에 정확히 도착한다는 적기교육의 지향점에 공감하게 될 것입니다.

어떻게 하는 것이 적기교육일까요?

더 나아가 유아기의 자녀에게 무엇을, 어떻게 가르쳐야 하는가에 대해 그림책 읽기를 중심으로 아주 자세히 제시하였고, '적기'를 놓치지 않는 노하우에 대해서도 설명했습니다. 양육 불안이 매우 큰 우리나라 부모들에게 가장 절실한 것은 조기교육을 하지 말자는 말이 아니라 적기교육을 어떻게 해야 할지에 대한 구체적인 방법이기 때문입니다.

그러나 '몇 살에는 무엇을 가르쳐야 한다'라는 결론은 내놓지 않았습니다. 만약 이것을 기대한다면 적기교육을 잘못 이해한 것입니다. 아이를 키우는 일은 수학 공식을 대입하여 정답을 찾는 과정과 다르게 상당히 복합적인 요인들이 작용합니다. 한 아이를 이해하기 위해서는 그 아이의 가정환경, 발달 과정, 주변의 여러 요인을 살펴봐야 합니다. 아이마다 개인차가 있기 때문입니다.

더불어 부모만이 가르칠 수 있는 적기교육에 대해 강조했습니다. 자녀에 대해 가장 잘 파악하고 있는 사람은 부모입니다. 자녀의 '배움의 적기'를 알아볼 수 있는 사람도 부모입니다. 조기교육에 대한 맹목적인 믿음 때문에 하루라도 일찍 교육 전문가에게 아이를 맡기고 있는 것이 오늘의 현실입니다. 50여 년의 세월을 통해 제가 확신하게 된 것은 자녀는 스스로 성장한다는 것입니다. 그리고 부모는 아이가 성장하는 데 가장 훌륭한 조력자이자 안내자이며, 철학을 가지고 이끌어주는 양육 주체자라는 사실입니다.

자녀를 똑똑하고 행복하게 기르고 싶은 것은 모든 부모의 소망입니다. 그러기 위해서는 유아기부터 아이의 학교 성적을 걱정하기보다는 앞으로 아이가 어떤 삶을 살아갈 것인가에 대해 고민해야 합니다. 장기적인 안목을 가진 부모가 믿고 선택할 수 있는 것이 바로 적기교육입니다.

글을 마치기 전에 조기교육과 적기교육 사이에서 갈등하는 부모님들에게 부모 상담을 할 때 제가 자주 묻는 질문을 해볼까 합니다.

"아이가 자기 자신에 대해 어떻게 느끼고 있다고 생각하세요?"

"다른 사람이 자녀에 대해 어떻게 생각한다고 생각하세요?"

"두 질문 중 어느 질문에 더 신경이 쓰이세요?"

놀랍게도 대부분은 두 번째 답변에 더욱 민감합니다. 우리는 내 아이를 키우는 데 남의 시선을 너무 의식하고 있습니다. 우리나라 부모들의 양육 불안감이 어느 정도로 심각한지 잘 알고 있기에 올바른 양육 철학을 담은 책을 출간하고 싶었습니다.

평생 유아교육을 연구해온 전문가라고 자처하면서도 이 한 권의 책을 출판하기까지 인고의 시간이 필요했습니다. 그동안 유아교육에 관한 전문 서적은 무수히 발간했습니다. 하지만 정작 아이를 키우는 부모님들에게 육아 이론을 쉽게 전달하는 일은 결코 녹록치 않았습니다.

이 책이 나오기까지 오랜 시간을 기다려주고 격려해 준 글담출판사 분들에게 진심으로 감사의 마음을 전합니다. 이 책이 부모님들의 양육에 대한 불안감을 줄여주고, 내 아이를 위한 최고의 양육을 고민하는 부모님들에게 좋은 참고가 되기를 소망합니다.

2025년 4월

이기숙

차례

3장 — 적기교육은 인성 교육
세상의 모든 부모가 자녀에게 가르쳐야 할 것이 있다

6장 — 미래 사회를 살아갈 아이들에게 필요한 디지털 교육
스마트 기기 사용, 조절과 절제 교육이 필요하다

7장 — 놀이를 통한 배움
아이들은 놀면서 자란하다

1장

왜
적기교육이어야
할까?

아이 성장과 발달에는 적기가 있다

부모들은 모두 자신의 자녀가 특별하다고 생각합니다. 저 역시 그랬습니다. 저는 이것이 잘못되었다고 생각하지 않습니다. 자녀를 특별히 아끼고 사랑하는 것은 부모의 권리이자 의무니까요. 그러나 아끼고 사랑하기 때문에 놓치지 말아야 할 것이 있습니다. 바로 내 아이의 발달 능력에 대한 정확한 이해입니다. 아이들은 저마다 고유의 성장 눈금을 가지고 있으며 발달 단계에 따라 성장하고 있습니다. 그것을 가장 먼저 알아보는 이가 바로 부모입니다.

기저귀 차고
공부하는 아이들

OECD(경제협력개발기구) 교육평가단이 우리나라를 방문하여 6세 이하 유아들의 교육 현황에 대해 조사한 적이 있다. 당시 평가단이 발표한 보고서에는 다음과 같은 내용이 실려 있었다.

"한국의 부모는 유아를 공부하는 학생으로 취급한다."

나는 이 내용에 대해 차마 반박을 할 수 없었다. 부끄럽지만 우리나라 유아교육의 현주소를 제대로 짚어내고 있기 때문이었다.

그동안 자녀를 둔 부모들을 교육·상담하면서 무수히 많은 부모들을 만나왔다. 해를 거듭할수록 자녀 교육에 대한 열의가 점점 높아지고 있음을 실감한다. 그 열의만큼 부모들이 자녀를 걱정하는 마음도 늘었다. 많은 부모들이 아이가 장차 커서 어떻게 이 세상을 헤쳐나갈지 미리부터 걱정하고 준비한다. 그리고 그 걱정은 고스

란히 높은 교육열로 바뀌어 아이에게 좀 더 일찍, 좀 더 많은 것을 가르치려는 조기교육 현상으로 나타나고 있다.

한번은 TV에서 다큐 프로그램을 보다가 큰 충격을 받았다. 자녀를 고가의 영어 유치원에 보내기 위해 밤낮으로 콩나물을 재배해서 판매하는 부부가 주인공이었다. 부부는 콩나물을 기르는 데 집중하느라 아이를 돌볼 겨를도, 집 안을 치울 시간도 없었다. 집 안은 온통 난장판이었고 벽지는 군데군데 떨어져 있을 정도로 가정 환경이 아주 열악하였다. 오직 자녀의 비싼 학원비 마련만이 목표였다.

이처럼 우리나라 부모의 교육열은 가히 세계적이다. 좋은 유치원에 원서를 접수하기 위해 유치원 앞에서 밤을 새서 줄을 서고, 오직 아이 교육을 위해 '기러기 가족'을 선택하기도 하며, 대치동의 유명 학원에 보내기 위해 학원 입학을 위한 과외를 시키기도 한다. 이 얼마나 놀라운 세상인가!

조기교육은 거의 사교육에 의존한다. 사교육 현황에 대한 정부의 발표를 살펴봐도 사교육은 이제 더 이상 초중고 학생들만의 이야기가 아니다. 최근 발표된 '2024 유아 사교육비 시험 조사' 결과에 따르면, 6세 미만 영유아를 둔 부모들의 47.6퍼센트가 사교육을 시키고 있다. 5세는 81.2퍼센트로 10명 중 8명이 사교육을 받고 있었으며, 4세는 68.9퍼센트, 3세는 50.3퍼센트, 2세 이하는 24.6퍼센트로 조사됐다.

내가 속해 있는 연구팀에서 실시한 조사에서도 마찬가지 결과를 확인할 수 있다. 우리나라 유치원생의 약 86퍼센트가 방과 후에 한글, 영어, 수학, 과학, 한자, 논술, 속독, 피아노 등을 배운다. 그 학습의 종류가 무려 열두 가지에 이르는 경우도 있다.

그뿐 아니라 조기교육을 시작하는 시기가 빨라져 2세 이하에서 한글을 공부하는 경우가 63퍼센트에 이르렀으며 종합학습지를 공부하는 경우도 21퍼센트나 되었다. 기저귀를 차고 문화센터에 가서 부모와 함께 한글과 더불어 외국어를 배우고, 이제 막 걸음마를 시작한 아이들이 학습지로 숫자를 배우는 것이 우리의 교육 현실인 것이다.

주위를 한번 살펴보자. 혼자서 밥을 먹지도 옷을 입지도 못하는 어린아이들이 한글이나 영어를 배우러 다니는 것을 어렵지 않게 볼 수 있을 것이다.

우리나라 조기교육의
결정적 차이

1995년 무렵으로 기억된다. 한 일간지에서 세계화 추세에 따라 우후죽순처럼 생겨난 유아 영어 학원에 대한 기사를 다루면서 나에게 의견을 물어온 적이 있다. 또 모 방송국에서 다섯 살 아이들에게 일주일에 두 번씩 영어로 중국어를 가르치는 유치원에 관한 뉴스를 다루면서 전문가로서 이에 대해 어떻게 생각하는지 물은 적도 있다. 이런 연락을 받을 때마다 새삼 세월의 변화를 느낀다. 수십여 년 동안 조기교육의 폐해를 강조해 왔지만 여전히 조기교육의 열풍은 가시지 않고 있기 때문이다.

이 책에서 말하는 조기교육은 아이의 발달 속도에 따른 흥미와 관심과는 무관하게 특별한 목적을 갖고 일찍 가르치는 것을 말한다. 우리나라의 조기교육은 세계화 열풍과 함께 1990년도 무렵 시작되었다. 물론 이전에도 일부 상류층의 조기교육은 늘 있어 왔다. 2000년도에 접어들어 조기교육은 대부분의 유아들이 참여할 정도로 보편화되었고, 연령은 낮아졌으며, 학습 내용은 다양해졌다.

그 결과 아이들은 유아기부터 가능하면 좀 더 일찍, 좀 더 많은 것을 잘해야 한다는 부담을 가질 수밖에 없게 되었다.

조기교육은 물론 우리나라에서만 볼 수 있는 현상은 아니다. 그러나 우리나라 조기교육은 높은 교육열만큼 특이한 점을 찾아볼 수 있다.

점점 더 일찍, 많은 것을 잘해야 하는 아이들

약 10년에 걸쳐 동아시아 국가들의 유아교육 전문가들과 주제를 정해 공동 연구를 할 기회가 있었다. 한국과 중국, 일본 세 나라가 함께한 적도 있고, 한국과 중국, 일본, 대만 네 나라가 함께 나라별 유아들의 일상생활에 대해 연구할 기회도 있었다. 이 중 한 연구는 각 나라 유아들의 기상 시간, 식사 시간, 교육 활동 등에 대한 조사를 바탕으로 이루어졌는데, 유아들의 일상생활에 대한 조사만으로도 여러 성과를 이끌어낼 수 있었다. 자녀의 기상 시간, 식사 시간, 교육 활동은 한 가정의 라이프스타일과 부모의 교육관을 반영하고 있기 때문이다.

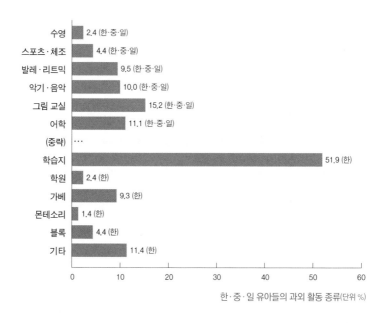

수영	2.4 (한·중·일)
스포츠·체조	4.4 (한·중·일)
발레·리트믹	9.5 (한·중·일)
악기·음악	10.0 (한·중·일)
그림 교실	15.2 (한·중·일)
어학	11.1 (한·중·일)
(중략)	…
학습지	51.9 (한)
학원	2.4 (한)
가베	9.3 (한)
몬테소리	1.4 (한)
블록	4.4 (한)
기타	11.4 (한)

한·중·일 유아들의 과외 활동 종류(단위 %)

이 중에서도 교육 활동에 대한 연구는 나는 물론 함께했던 연구 진들에게 많은 생각을 하게 했다. 교육 활동 연구는 크게 영어, 수 학, 한글 등의 조기교육과 음악, 미술, 체육 등의 예체능 특기 교육 으로 구분하였다. 여러 해에 걸쳐 이루어진 탓에 조사 결과는 해마 다 약간씩 차이를 보이기도 했다. 예를 들어 어느 해는 한국의 유 아가 가장 많은 교육을 받는 것으로 조사되었다가, 또 어느 해는 중국의 유아가 가장 많은 교육을 받는 것으로 조사되었다. 여기에 는 각 나라의 사회 문화적 분위기와 더불어 경제적인 변화가 영향 을 미쳤을 것이다. 그런데 연구 기간 동안 한 가지 변하지 않는 사 실이 있었다. 우리나라는 10여 년 동안 변함없이 영어, 한글, 수학 등의 학습활동 비중이 가장 높았다. 다른 나라의 유아들이 미술, 음악 등의 예체능에 많은 시간을 할애하는 것과 매우 대조적인 결과였다.

조사 대상에 학습지를 포함시키는 데에도 웃지 못할 작은 사건이 있었다. 우리나라의 경우 읽기와 셈하기 등의 교육이 학습지 형태로 많이 이루어지기 때문에 교육 활동에 '학습지'를 넣자고 제안했는데, 다른 나라 전문가들이 이런 상황을 이해하거나 받아들이지 못했던 것이다. 학습지에 대한 개념이 생소할 뿐만 아니라, 다른 나라에서는 유아들에게 학습지를 시키지 않아서였다.

약 10여 년의 연구 결과 한국, 중국, 일본, 대만 네 나라의 유아 중 우리나라 유아들이 가장 많은 학습을 하고 있다는 씁쓸한 결론을 얻었다. 나와 연구팀은 여기서 멈추지 않고 그 이유에 대해 점검하는 시간을 가졌다. 그 결과 우리나라 학부모들은 자녀에게 교육을 시킬 때 정규교육에 앞서 선행 학습을 원하는 경향이 크기 때문이라는 것을 확인할 수 있었다. 시간이 흐른 지금은 어떨까? 불행히도 이런 경향은 더욱 심해져 7세 고시뿐 아니라 4세 고시란 말까지 나올 정도로 선행 학습의 시기가 앞당겨지고 있다.

이런 사실은 우리나라 유아들이 어떤 특별활동을 많이 하는지에 대해 연구한 자료를 통해서도 확인할 수 있다. 평소 조기교육에 각별한 관심을 가졌던 나는 오랜 시간 다양한 방법으로 그 실태를 조사해 왔다. 연구 자료를 바탕으로 유아들의 교육 활동을 살펴보면 한글, 영어, 수학 및 암산, 미술, 악기 순으로 나타나며 특히 한글, 영어, 수학 등 학습과 관련한 활동의 비중이 다른 활동에 비해 상당히 높다. 즉 우리나라 부모들은 자녀가 초등학교에 들어가서 학습에 어려움을 겪지 않도록 미리부터 교육을 시키는 경향이 있다. 그 결과 어릴수록 한글과 종합학습지 중심의 교육을 많이 받으며, 연령이 올라갈수록 한글이나 종합학습지 외에 수학, 영어, 피아노, 미술 등의 교육을 많이 받고 있었다.

이런 점에 비추어 '우리나라 부모들이 유아기의 자녀를 학생으로 생각한다'는 OECD 교육평가단의 표현은 인정할 수밖에 없다. 다만 이 역시 우리나라 부모가 자녀를 사랑하는 하나의 방법이라는 걸 인정해야 할 것이다.

사교육 선택의 기준은
부모의 불안감

내 아이가 다른 아이들보다 성장이 빠를 때 부모가 느끼는 기쁨을 따로 설명할 필요가 있을까. '출산 이후 시작되는 엄마들의 경쟁'이라는 유머가 부모의 이런 마음을 잘 대변해 준다.

엄마들 사이에서는 먼저 걷는 아이, 이유식을 잘 먹는 아이, 말을 빨리 하는 아이, 글을 빨리 떼는 아이, 학교에 적응 잘하는 아이, 성적이 좋은 아이 순으로 엄마의 능력과 행복도가 평가된다고 한다. 이 유머의 핵심은 '다른 아이와의 비교'이다. 끊임없이 내 아이와 다른 아이의 발달 정도를 비교하며, 조금이라도 앞서 가야만 안도하고 기뻐하는 부모의 마음을 꼬집는 유머라고 할 수 있다.

경제 수준은 높아진 반면 자녀의 수는 줄면서, 자녀에 대한 부모의 관심과 지원이 날로 높아져가고 있다. 하나뿐인 내 아이가 무엇이든 더 잘하기를 바라는 부모의 마음은 어느덧 조기교육, 특기 교육, 재능 교육 등 각종 특별활동 형태로 유아교육기관을 통해 실행되고 있다. 그 결과 영유아를 대상으로 하는 다양한 사교육 시장이 형성되었다.

많은 부모들이 사교육비에 대해 경제적으로 부담을 느끼면서도 상황만 허락되면 조금이라도 더 가르쳐서 뒤처지지 않는 아이로 키워야 한다는 조바심이 크다. 아이에게 더 많이 가르치지 못하는 형편 때문에 미안한 마음을 갖는 부모들도 많다.

부모들의 이런 불안감은 어디서부터 시작되는 것일까? 2025년에 발표된 '학부모 사교육 인식 조사' 결과를 살펴보면 모든 학년에서 부모들은 '지인 혹은 모임'에서 사교육 정보를 얻는다. 온라인 커뮤니티와 방문 상담은 정보를 얻는 2, 3순위였다. 즉 대다수 부모가 신뢰를 쌓은 주변인의 사교육 정보를 기준으로 자녀의 사교육을 결정하는 셈이다.

주변을 살펴봐도 부모들은 모이기만 하면 아이의 공부 걱정이다. '어느 학원이 좋다', '어느 학습지가 최고다'라는 이야기는 예사이고, 심지어 과외학습 그룹에 들어가기 위해서 혹은 유명 학원에 들어가기 위해서 또 다른 과외를 시키기도 한다. 아이의 지친 얼굴을 보면 아이가 진짜 원하는 것을 해주고 싶지만, 그렇게 하면 좋은 대학에 진학할 수 없고, 성인이 되었을 때 사회에서 낙오자가 될지도 모른다는 불안감을 떨치지 못하는 일상을 반복한다.

그러다 보니 학년이 올라갈수록 아이와 부모의 관계는 점점 나빠질 수밖에 없다. 집안에서 부모와 아이의 갈등은 전쟁을 방불케 한다. 엄마는 항상 아이가 방에서 무엇을 하는지 감시, 관리하는 존재가 되고 아이는 그저 관리받는 대상이 되어간다. 부모의 불안이 만들어낸 이 갈등은 점차 고등학교에서 중학교로, 중학교에서 초등학교로, 이제는 초등학교에서 유치원까지 내려가고 있다. 가장 행복하게 마음껏 뛰어놀아야 할 유아들을 대학 입시라는 경기장으로 몰아가는 모습이다.

한국, 일본, 중국 3개국의 부모들을 상대로 양육 불안에 대해 연구한 적이 있는데, 그때에도 한국의 부모들은 세 나라 중 불안감이 가장 크게 나타났다.

아이에 대한 교육열은 우리나라 부모들이 가장 높았으며, '아이를 위해 최선을 다하고 있다', '아이를 잘 키우고 싶다', '아이가 너무 사랑스럽다' 등의 답변에서도 우리나라 부모들이 가장 점수가 높았다. 그와 동시에 '내가 지금 아이를 잘 키우고 있는지 잘 모르겠다'는 답변도 가장 많았으며, '아이의 미래가 조금은 걱정된다'라는 항목에 대해서도 높은 반응을 보였다. 한국의 부모들은 왜 이렇게 불안한 것일까?

부모들을 만나 이야기를 나눠보면 한결같이 아이들을 마음껏 뛰놀게 하고 싶고 교육을 시키더라도 흥미 위주로 시키고 싶다고 말한다. 그러나 한글을 떼고 영어로 대화할 줄 아는 상태로 입학하는 아이와 그렇지 못한 아이 사이에서 생기는 자신감의 차이는 결코 외면할 수 없는 현실이라고 말하기도 한다. 심지어 줄넘기를 미리 배우고 입학하는 아이가 있다는 소문에도 엄마들은 초조해한다. 아이들 사이에서마저 영어를 조금 할 줄 아는 아이가 자신보다 영어를 못하는 친구를 무시하는 경향이 있다. 상황이 이렇다 보니 부모는 자녀가 친구들 사이에서 무시당하지 않게 하기 위해서라도 교육을 시키는 입장에 놓인다.

아이가 하고 싶은 것을 실컷 하게 하고 자유롭게 놀게 하고 싶은 마음과 경쟁에서 뒤처지지 않게 하기 위해 좀 더 일찍 배우고 익히도록 해야 한다는 심적 갈등이야말로 부모의 영원한 딜레마라 할 수 있을 것이다.

조기교육에 대한
부모와 교사들의 속마음

대부분의 유아교육학자들은 선행 학습 위주의 지나친 조기교육을 반대한다. 조기교육은 이제 막 걸음마를 시작한 아이에게 빨리 달리기를 가르치는 것과 다름없다. 그 누구보다 이런 사실을 잘 아는 이가 바로 부모들이다.

조기교육의 실태를 알아보기 위해 부모들의 의견을 수렴해 보니 부모들의 마음은 한결같았다. 유아기 자녀에게 일찍부터 선행 학습을 시키는 것에 대해 90퍼센트 이상이 너무 이르다고 답했으며, 사교육의 종류가 너무 많아 아이들이 힘들어하는 모습에 안타까워했다. 또한 너나없이 사교육비가 부담스럽다고 호소하며, 사교육비 과다 지출에 대한 정부의 적극적인 정책 지원을 요구했다.

부모들이 공통적으로 지적한 의견과 문제점을 정리하면 다음과 같다.

첫째, 조기교육 열풍을 조장하는 사회 분위기가 개선되어야 한다. 다른 부모들이 하는 것을 보고 불안해서, 부모의 의지 없이 남들이 하니까 너무 일찍부터 교육을 시키는 것이 오늘날의 현실이다. 둘째, 자녀의 소질과 적성에 맞는 교육이 필요하다. 지적인 면만을 강조하지 않고 자녀의 소질과 적성, 원하는 바에 따라 교육해야 한다. 창의성이나 개성을 말살하는 획일적인 교육은 지양되어야 한다. 최근 학원 형태의 유사 유아교육기관이 너무 많아 혼란을 주고 있다. 체계적인 공교육이 필요하고 유아교육이 공교육화되어야 한다. 셋째, 사교육비가 너무 많이 든다. 주위에서 당연한 듯이 하기 때문에 따라서 할 수밖에 없는데 비용에 비해 효과가 적다고 생각한다.

부모들의 조기교육에 대한 속마음을 확인한 다음, 초등학교 1학년 교사의 의견을 들어보는 시간을 가졌다. 유아들이 학교에 들어가서 처음 만나는 존재이기에 귀담아 들을 이야기들이 많았다. 여기 한 교사의 답변을 소개한다.

1학년초 교실에서 가장 흔하게 듣는 학생들의 대답은 "나 그거 다 알아요", "다 배운 거라 너무 쉬워요!"이다. 이런 말을 들으면 교사는 기운이 쭉 빠진다. 그뿐 아니라 답을 모르는 아이들은 자신만 모른다고 생각해서 자신감을 잃는다. 선행 학습을 받은 학생들은 답을 알면 끝이라는 생각을 갖기 쉬운데, 특히 수학 시간에 그런 반응이 심하게 나타난다. 수학은 답이 나오는 과정을 알아야 하는 과목인데도 불구하고 답이 도출되는 과정에 대해 전혀 관심을 보이지 않는다. '13−8=( )'이라는 문제를 주면 금방 '5'라고 대답하지만, "어떻게 5가 되었지?"라고 물으면 아이의 주의가 금방 산만해진다.

이외에도 비슷한 의견이 많다. 아이들이 수업에 집중하지 못하고 장난을 많이 치며 공부 자체를 '지겨워'한다고 표현하는 교사도 있었다. 한편 부모의 교육 열의가 높을수록 아이가 스트레스로 정서 불안, 의욕 저하 등의 증상을 보였다. 아이들이 학교뿐 아니라 집에서도 "화장실 가도 돼요?"라고 물어보는 경우도 있었다.

조기교육의 심각성과 문제점을 이야기하면, 초등학교에 대비하기 위해 한두 가지 사교육을 시키는 것이 무슨 큰 문제냐고 묻는 사람들도 종종 있다. 만약 단순하게 한두 가지 사교육을 시키는 정도라면 이렇게까지 걱정하지 않을 것이다. 그러나 현실은 매우 다르다. '학습을 시작하는 시기가 이르면 이를수록 좋다'는 선행 교육의 측면이 강하고 학습의 종류가 '많으면 많을수록 좋다'는 과잉 학습의 경향이 너무 크다. 과연 이런 신념은 어떤 근거에서 비롯된 것일까? 또한 어디까지가 사실일까?

부모들은
왜 불안해할까?

아이들을 키우면서 현대 부모들은 왜 이렇게 불안할까? 더구나 요즘은 아이가 하나 혹은 둘밖에 없으니 모두들 올인하게 된다. 앞에서 본 바와 같이 내가 만나본 부모들의 대부분은 이대로 아이를 가만히 두면 우리 아이만 뒤처질까 조바심을 냈고 그 불안의 정도는 상당했다.

한 일간지(동아일보, 2023년 7월 4일자 「6세 절반 "사교육 3개 이상"… 영유아도 굴레」)에 의하면 사교육 업계가 뇌 발달 광고로 부모들의 불안을 자극하면서 사교육 시작 연령이 점점 내려가는 추세라고 한다. 응답자의 15퍼센트가량은 "자녀가 다섯 살도 되기 전에 사교육을 시켰다"고 답했다. 주로 영유아를 대상으로 하는 영어, 수학, 국어 등의 선행 학습이었다.

그런데 이렇게 더 일찍, 더 많이 시키는 것이 효과가 있는 것인 가를 우리는 잘 판단해 보아야 한다. 부모들은 아이가 알파벳을 술 술 읽고 영어로 인사도 할 때, 숫자도 잘 알고 셈을 할 수 있을 때 정말 성과가 있는 것으로 보고 흐뭇해한다. 그러나 장기적인 측면 에서 볼 때 고등학교나 대학교까지 그러한 격차가 유지될 수 있을 것인가?

내가 보아온 많은 경우에서 아이들의 발달 단계를 무시한 지나 친 사교육은 장기적으로는 학습에 대한 흥미를 떨어뜨리고 자기 스스로 학습하려는 자기 주도적 학습 능력이 부족해지는 것을 볼 수 있었다. 일찍부터 글을 읽던 아이가 독서를 싫어한다든지 셈을 곧잘 하던 아이가 "나는 수학이 제일 싫어"라고 한다든지 영어에 대해 높은 공포감을 보였다. 심리적 스트레스로 인해 심리 상담을 받는 유아도 적지 않았다.

그렇다면 이러한 사회적 현상에 대해 우리 부모들은 어떻게 해 야 할 것인가? 나는 적기교육이 답이라고 생각한다. 적기교육은 뒤 처지게 하는 교육도 아니고 무엇을 조기에 선행 학습하자는 것도 아니다. 아이에게 발달 단계 맞는 적기교육을 해준다면 얼마든지 아이는 이 어려운 경쟁 사회에서 살아남을 수 있다고 말하고 싶다.

유아기 영어 교육은 일찍부터 시작할 수도 있다. 다만 그 내용 과 방법이 적절한가가 문제이다. 유아기에는 영어를 하는 게 아니 라 쉬운 그림책이나 재미있는 노래와 율동을 통해서 영어를 접하게 하는 수준이어야 한다. 영어를 할 수 있는 이중 언어 환경에 놓여 있지 않은데, 학습지나 알파벳 공부를 몇 시간 하는 것으로는 절대로 효과가 없다. 효과를 보겠다고 하루 종일 영어 학원에 보냈을 때, 아이들이 받을 스트레스를 생각해 보았는가? 그 결과 영어의 'Blue'는 아는데 한국어 '파란색'을 모르는 유치원 아이들이 늘고 있다. 요즘은 유치원과 어린이집에서도 영어를 접하게 하는 활동을 많이 한다. 노래와 율동, 그림책 읽어주기 등 다양한 영어 교육이 이루어지고 있다면 영유아기에는 그것으로 충분하다고 생각한다.

부모의 기대와 아이들의 눈높이는 얼마나 차이가 날까?

부모들은 자신의 자녀가 특별하다고 생각한다. 나 역시 그랬다. 나는 이것이 잘못되었다고 생각하지 않는다. 자녀를 특별히 아끼고 사랑하는 것은 부모의 의무이자 권리다. 그러나 아끼고 사랑하기 때문에 놓치지 말아야 할 것이 있다. 바로 아이들의 발달 능력에 대한 정확한 이해이다. 아이가 태어나 걷고 말을 하기까지 시간이 걸리는 것처럼 숫자나 글자를 이해하는 데도 반드시 필요한 시간이 있다. 아이를 키우는 부모라면 누구나 알고 있는 당연한 이 사실을 조급한 마음 때문에 놓치고 있을 뿐이다.

아이들의 이해력과 발달 능력과 관련하여 소개하고 싶은 일화가 있다. 한 엄마가 라디오 프로그램에 보낸 사연이다.

유치원에 다니는 아이들에게 전기가 어떻게 발명되었는지에 대해 자세히 설명하고 '에디슨의 전기 발명 이야기'에 관한 동화책을 성태라는 아이의 엄마가 읽어주었다. 책을 다 읽어준 후 아이들에게 물었다. "그래서 전기는 누가 발명했지?" 그러자 한 아이가 큰 소리로 대답했다. "성태 엄마가요."

이것이 아이들의 이해 발달 수준이다. 어른들은 아이들에게 많은 지식을 심어주려고 하지만 아이들의 지식 눈높이는 나이만큼 제한되어 있다.

이런 일도 있었다. 유치원에 실습 지도를 나갔을 때 직접 목격한 장면이다. 교생실습을 나온 교사가 아이들을 모아놓고 우리나라가 남북으로 갈라진 상황을 설명하며 어서 빨리 통일이 되어야 한다고 설명했다. 아이들 앞에는 우리나라 지도가 있었고 지도 중간에 빨간색 사인펜으로 삼팔선이 그려져 있었다. 열심히 설명을 끝낸 교생이 아이들에게 물었다.

"우리가 어떻게 하면 통일이 될 수 있을까요?"

그러자 한 아이가 손을 들고 자신 있게 대답했다.

"선생님, 지도 가운데 빨간 선을 지우면 돼요."

이것이 아이들의 생각 눈높이다. 이런 에피소드는 해외에서도 찾아볼 수 있다.

미국의 유명한 교육심리학자인 데이비드 와이카트David P. Weikart

박사가 빈민가 아이들의 지능을 테스트하는 실험을 하게 되었다. 바나나, 사과, 배, 자두 등 색깔과 크기가 다른 과일을 아이들에게 각각 나눠 주고 실험을 시작했다.

"책상 앞에 놓인 과일은 너희들 것이야. 그중에서 빨간색 과일을 옆 사람에게 주도록 하자."

그런데 이상하게 아이들이 꼼짝을 하지 않았다.

"그럼 이번에는 자기 과일 중에서 가장 큰 것을 골라서 선생님에게 줄래?"

이번에도 아이들은 요지부동이었다. 결국 원활한 실험은 이루어지지 않았다. 사건은 실험이 끝났다는 사실을 알렸을 때 일어났다. 이제까지 부동자세로 앉아 있던 아이들이 마치 약속이나 한 듯 자기 앞에 놓인 과일을 들고 순식간에 사라진 것이다. 실험 내내 온 관심이 과일에 가 있던 아이들은 자기가 받은 과일을 다른 이에게 주기 싫었던 것이다. 이 아이들이 지능 검사에 실패했다고 해서 이 아이들의 지능이 낮다고 할 수 있을까?

위의 예는 아이들의 이해 수준과 눈높이를 보여주는 여러 사례 중 일부에 지나지 않는다. 그런데 우리는 아이들의 눈높이를 고려하지 않고 우리가 원하는 학습만을 강요한다. 아이들은 자라면서 그 시기마다 적절한 눈높이를 맞출 수 있어야 제대로 된 발달이 이루어진다. 그 눈높이가 전문가들이 말하는 발달 단계이다.

아이들은
이렇게 성장한다

아이들의 발달 과정은 크게 생물학적 발달, 인지적 발달, 사회·정서적 발달로 나눌 수 있는데, 이 세 과정은 서로 긴밀하게 연결되어 있다. 그래서 이 시기에 어느 한 가지만 비정상적으로 강조되면 마치 편식이 심각한 영양 불균형을 일으키듯, 제대로 된 성장이 힘들어진다. 생물학적 발달, 인지적 발달, 사회·정서적 발달이 서로 균형과 조화를 이룰 때 완벽한 성장이 이루어진다.

이 세 영역이 균형을 갖춰 성장하더라도 저마다 다양한 양상으로 성장한다. 때문에 어떤 아이는 키가 크고 어떤 아이는 작으며, 어떤 아이는 돌이 되기도 전에 걸을 수 있는 반면 돌이 지나도 잘 걷지 못하는 아이가 반드시 존재한다. 아이마다 고유한 성장 눈금을 가졌기 때문이다. 그야말로 성장의 눈높이라고 할 수 있다. 어린 생명은 겉보기에는 몹시 불안정해 보이지만 아이들은 과학적인 원칙을 가지고 성장 발달한다. 그 원칙은 다음과 같다.

어린 아기의 신체 발달 과정을 잘 살펴보면, 일정한 순서와 방향성이 있다. 먼저 머리를 들 수 있게 된 후에 앉을 수 있다. 그리고 앉을 수 있게 된 후에 두 발로 선다. 언어 발달도 이와 유사한 수순을 밟는다. 옹알이를 한 다음에 단어를 사용할 수 있고, 간단한 문장을 사용할 수 있게 된 다음에 복잡한 문장을 사용하게 된다. 이와 같이 발달에 일정한 순서와 방향이 있는 것은, 이전 발달이 다음 발달의 기초가 되고 기초가 탄탄할 때 점차 높은 차원의 발달이 이루어진다는 것을 의미한다. 특히 갓 태어난 아기의 발달이 진행되는 방향에는 원칙들이 있다.

첫째, 발달은 크고 단순한 것에서 세부적이고 복잡한 것으로 진행된다. 즉 일반적이고 전체적인 것에서 점차 세분화되어 특수한 것으로 발달한다. 영아 초기의 행동은 몸 전체를 사용하는 형태이지만, 점차 세분화되며 정밀한 행동으로 대체된다. 예를 들어 아기들은 물건을 잡으려 할 때 어른처럼 처음부터 손가락을 사용하기 힘들다. 일단 손바닥 전체를 사용하지만, 점차 엄지와 검지로 물건을 잡을 수 있게 된다. 모빌이나 딸랑이를 잡으려고 할 때, 잡지 못하고 손바닥으로 딸랑이를 치는 모습을 볼 수 있다. 이것은 아직 손가락을 사용하는 것과 같은 행동을 할 수 없기 때문이다. 따라서 일찍부터 연필을 주고 글자를 쓰게 하는 것은 영아기에는 하기 힘든 일이다.

둘째, 성장 발달은 계속해서 일어나지만 발달의 속도는 일정치 않다. 발달은 전 생애에 걸쳐 지속적으로 진행되지만, 그 속도는 시기와 발달 영역에 따라 다르다. 신체가 급속도로 성장하는 시기가 있는가 하면, 언어 발달이 급속도록 이루어지는 시기가 있다. 예를 들면 아기 때에는 신장과 체중이 크게 증가하지만 유아기에는 어휘력이 풍부해지고 청년기에는 논리적인 문제 해결 능력이 눈에 띄게 향상된다. 식욕이 좋아 잘 먹던 아이가 어느 순간에 몸이 마르면서 잘 먹지 않는 경향이 있다. 이때는 바로 '체중기'에서 '신장기'로 접어든 것이다. 따라서 아이들의 발달 속도에 따라 적절한 과업이 주어져야 한다. 우선 영유아기는 가만히 앉아 활동하기보다는 몸을 많이 움직이는 신체적인 활동이 우선되어야 한다는 것을 알 수 있다.

셋째, 발달에는 개인차가 있다. 아이들의 성장 발달은 앞서 살펴본 바와 같이 보편적인 순서와 방향이 있지만 인종, 성별, 양육 환경, 유전인자 등에 따라 발달 속도에 차이가 있다. 나이가 같고 성별이 같은 영아들도 신장이나 체중은 물론, 운동 기능과 지각 능력에 있어 차이를 보인다. 예를 들어 기거나 걷는 능력에 서로 차이가 있고 말하는 시기 역시 차이가 있다. 심지어 이런 개인차는 쌍둥이 사이에도 나타난다. 그러므로 내 아이의 발달을 다른 아이와 단순히 비교할 수 없다.

넷째, 발달의 영역은 서로 밀접하게 연관되어 있다. 신체, 인지, 사회·정서 등 발달의 각 영역은 서로 영향을 주고받는 역동적인 관계이므로 각 영역 발달을 서로 분리해서 생각할 수 없다. 예를 들어 엄마와의 안정적인 애착을 형성한 아기는 정서적으로 안정된 상태에서 주변을 탐색하기 때문에 인지 발달에 긍정적인 영향을 받는다. 또 신체 발달이 빠른 아이는 주변에 더 적극적으로 관심을 가지면서 언어와 인지, 사회성 발달이 더 촉진되며, 이후 긍정적인 자아 개념을 형성한다. 반면 언어와 인지 발달이 늦은 아이의 경우, 주변 어른들과의 안정적인 애착이 이루어지지 않아서 정서적 결핍이 나타날 수 있다. 결국 인간의 발달은 신체, 인지, 언어, 사회·정서 등 모든 영역이 서로 밀접하게 연결되어 총체적으로 진행된다. 따라서 영유아기에는 인지 발달에만 집중하는 것은 효과가 없음을 알 수 있다.

다섯째, 생애 초기에 결정적 시기가 있다. 발달은 특정 시기에 똑같은 비율로 이루어지는 것이 아니다. 특정 시기에 어떤 기관이나 기능의 발달이 보다 더 급격하게 진행되는 '결정적 시기critical period'가 있다. 이 시기에 발달상의 결함이 있을 경우에는 장기적이고 심각한 영향을 미치기도 한다. 오스트리아의 유명한 동물학자 콘라드 로렌츠Konrad Lorenz는 갓 부화하여 태어난 오리가 어미의 행동을 그대로 따라 하는 결정적 시기가 있다는 것을 발견했다. 로렌츠 박사가 오리의 그 결정적 시기에 어미 오리를 보여주는 대신 자기 자신을 노출시키자 오리들은 계속해서 로렌츠 박사를 따라다니는 행동을 보였다. 다시 말해 동물에게 학습의 결정적 시기가 있다는 것을 밝힌 것이다. 이와 같이 동물행동학자들은 학습의 결정적인 시기를 놓치면 회복이 불가능하다고 하는데 다행히 인간은 변화 가능한 회복 탄력성을 가지고 있다. 인간의 경우 '영아기'나 '걸음마기'처럼 최적의 출발이 아니더라도 모든 것을 잃는 것은 아니다. 그러나 이 민감한 시기를 잘 맞추는 것은 매우 중요하다. 이는 발달이 급속히 이루어지는 결정적 시기에 발달에 필요한 적절한 자극과 환경이 갖춰져야 함을 의미한다.

아이들이 자라나는 데는 그 시기마다 발달 단계가 있고, 자신들만의 눈금이 있다. 그것을 우리가 함부로 거슬러 가르치면 제대로 된 성장 발달을 이루기가 힘들다. 각각의 발달 시기에 맞는 교육이 접목된다면 가장 효과적인 성장 발달을 이루어낼 수 있다. 이것이 바로 적기교육이다.

아이가 원해서
사교육을 시킨다고 말하는 부모들에게

30개월 된 아이에게 한글, 영어, 숫자, 미술, 동요, 한자 등을 가르치는 부모를 만난 적이 있다. 아이의 엄마는 부모라면 자녀의 능력을 과소평가하는 실수를 범해서는 안 되며, 자신은 아이가 여러 경험을 통해 재능을 발견할 수 있도록 최선을 다한다고 굳게 믿고 있었다. 이 엄마에게 혹시 아이가 배우기 힘들어하거나, 하기 싫어하는 경우가 있는지 물었다.

"아뇨. 단 한 번도 없었어요. 오히려 한자는 제 오빠가 하는 걸 보고 자기도 하고 싶다고 졸라서 어쩔 수 없이 시키게 된 걸요."

이 말은 자녀에게 여러 종류의 사교육을 시키는 부모들이 공통적으로 하는 말이다. 또 이렇게 말하는 경우도 많다.

"제가 강요하는 게 아니라 애가 너무 재미있어해서 끊을 수가 없어요."

그러나 정작 아이를 자세히 관찰해 보면 엄마의 말과 상당 부분 다르다. 아이가 좋아해서 교육을 시킨다고 말하는 부모들이 꼭 알아야 할 것이 있다. 유아기의 아이들은 엄마를 가장 좋아한다. 그리고 자신이 어떤 행동을 할 때 엄마가 기뻐하는지도 정확하게 알고 있다. 다시 말해서 자신이 엄마의 바람대로 학원에 가거나 학습지를 풀면 기뻐한다는 사실을 알고 있는 것이다. 그러므로 부모들은 아이가 진심으로 좋아하는지, 아니면 엄마를 기쁘게 하기 위해, 더 나아가 엄마에게 사랑받기 위해 엄마의 말을 따르고 있는지 잘 관찰해야 한다.

몇 해 전 4개 국어를 유창하게 구사해 세상의 이목을 집중시켰던 6세 중국 소녀가 있었다. 소녀는 중국어, 영어, 프랑스어, 일본어에 능통해 외국어 천재로 세상에 알려졌다. 소녀의 엄마는 외국어 학원 영어 교사이고 아버지는 외국계 은행의 프랑스어 통역사라 부모는 아이가 말문이 트일 때부터 영어로 대화를 시작했다고 한다.

아이가 잘 따라온다고 믿은 부모는 3세 때는 프랑스어를, 4세 때부터는 일본어를 가르쳤다. 그러나 얼마 지나지 않아 아이가 방문을 잠그고 문밖으로 나오지 않았고 병원 방문 결과 실어증이라는 진단이 내려졌다. 담당 의사는 어린 나이에 여러 언어를 습득하면서 언어 계통에 문제가 생긴 것이라는 소견을 밝혔다.

"어린이 교육은 공부하고 싶은 마음과 흥미를 북돋워주는 것이 가장 중요하다. 그렇지 않으면 책을 등에 진 나귀를 기르는 꼴이 되어버린다"는 몽테뉴의 말처럼 어린 소녀는 4개 국어를 배우면서 책을 등에 지고 살아가는 고통을 느꼈던 것은 아닐까?

교육 전문가 대부분이 이와 같은 조기교육을 반대한다. 거기에는 이유가 있다. 그간 수많은 아이들의 성장을 지켜본 결과 어려서부터 공부에 질린 아이는 결코 성적도 행복 지수도 높지 않다는 것을 몸소 경험했기 때문이다.

유아기에는 마음껏 놀면서 하고 싶은 일을 할 수 있는 여건을 만들어주어야 한다. 유아기에 실컷 놀아야 그 힘으로 학교에 가서도 공부에 집중할 수 있기 때문이다.

아이에게 어떤 관심을
보이고 있는가?

영유아기의 발달에서 가장 중요한 것은 부모의 끊임없는 관찰과 관심이다. 이렇게 이야기하면 '아니 요즘 부모들은 자식에게 너무 관심을 보여서 탈이지 관심을 안 보이는 엄마도 있느냐'고 반문한다. 맞는 말이다. 부모들은 자식을 위해 올인하고 있고 모든 정성과 시간을 아끼지 않는다. 그런데 문제는 그러한 관심과 교육열의 의미가 어디에 있느냐다.

　요즘 엄마들과 상담을 하면서 느끼는 점은 많은 엄마들의 관심과 노력이 주로 무엇인가를 가르치는 쪽으로만 향해 있다는 것이다. 다른 아이보다 우월해야 하며 절대 뒤떨어져서는 안 된다는 불안감에 사로잡혀 있는 경우도 많다. 정말 내 아이의 행동이 어떻게 변화되고 있는지, 다른 아이와의 관계에서 문제는 없는지, 마음의 상처는 없는지, 정서적으로 불안해하지 않는지는 학습에 비해 다소 관심이 떨어진다. 미리 학습의 준비를 시켜서 어떻게 하면 앞으로 학교에 가서 남에게 뒤떨어지지 않고 공부를 잘할 수 있을까 하는 것에 초점이 맞추어져 있는 것만 같다.

내가 아이를 어떻게 만들어보겠다는 생각에서 벗어나야 한다. 아이에 대한 관심과 관찰을 통해 내 아이가 싫어하는 것은 무엇인지, 어려워하는 것은 무엇인지 파악하고 싫어하는 것을 절대로 강요하지 말자. 내가 지시하는 것, 내가 시키는 것을 무조건 따르고 있다고 해서 그것이 아이가 좋아해서 그런다고 생각해서도 안 된다. 관찰을 통해 그것이 정말 아이가 좋아해서 하는 행동인지 아니면 단지 엄마를 기쁘게 하기 위해 따르는 것인지를 판단해 보아야 할 것이다. 끊임없는 관심과 관찰을 통해서 아이의 성향을 파악하고 즐거움을 주는 일을 우선해야 할 것이다.

"난 행복하지 않아."

한 연구기관이 아동 권리 인식 조사를 했는데 그 결과가 놀랍다. 우리나라 아동 4명 중 1명은 스스로 불행하다고 생각하는 것으로 나타난 것이다. 10세 이상 18세 미만 아동에게 자신이 행복한가에 대해 점수를 매기게 하였는데 평균 점수는 100점 만점에 60점대에 그쳤으며 이는 매년 낮아지고 있다. 행복도를 1~2점으로 매긴 아동은 행복하지 않은 이유로 학업 문제와 가정의 불화 문제를 가장 많이 꼽았다.

양육 철학을 가진
부모가 되라

우리나라 엄마들의 자녀 양육에 관한 지식 수준은 매우 높다. 세계적으로 유명한 유아교육학자들의 이름과 이론에 대해 상세하게 알고 있다. 좌뇌와 우뇌의 조화로운 발달이 중요하고, 유아는 언어 습득 기재language acquisition device, LAD를 가지고 있으며, 최근 유아교육 프로그램 가운데 몬테소리나 레지오 에밀리아, 발도로프의 숲 유치원이 대세라고 이야기하는 부모들도 많다. 유치원을 방문해서 "이곳에서는 몇 가지 프로그램을 운영하나요?"라고 물은 뒤 수많은 프로그램을 일일이 확인하는 경우도 많다.

이런 모습을 보면 부모들은 유명 회사의 서적 및 제품, 유명한 교수나 학자 혹은 자녀를 성공으로 이끈 부모들의 자녀 양육법을 반드시 따라야 하는 기본 원리라고 믿고 있는 것 같다.

그러나 아이를 잘 기르는 만능 처방전은 이 세상에 존재하지 않는다. 다만 잘 기르기 위해 참고할 자료가 있을 뿐이다. 그러한 참고 자료를 기초로 한 나만의 육아 방법과 나만의 양육 철학이 있어야 한다.

명료한 양육 철학 없이 인터넷이나 주변의 소문들에 의존하여 아이를 키우면, 부모의 역할에 대한 혼란과 갈등으로 갈팡질팡할 수밖에 없다. 세계적으로 유명한 유아교육학자들의 이론은 각각의 주장을 담고 있기 때문에 자신의 생각 없이 따라갈 경우 서로 다른 교육 이론 사이에서 어느 것이 옳은지 판단하지 못하게 될 가능성이 높다.

대표적인 예로 『스포크 박사의 육아전서』를 들 수 있다. 이 책은 미국에서 『성경』 다음으로 많이 팔린 자녀 양육 지침서이다. 우리나라에서도 한때 엄마들의 필독서로 소개되어 호응을 얻었다. 하지만 벤저민 스포크Benjamin Spock 박사의 이론은 많은 비판과 함께 자취를 감추었다.

스포크 박사는 세상을 떠나는 순간 세상의 엄마들을 향해 다음과 같은 유언을 남겼다. "자녀 양육에 왕도는 없습니다. 바로 엄마 자신이 자녀 양육의 전문가입니다. 엄마 자신의 타고난 감각을 믿으십시오. 그리고 소신껏 키우십시오." 비록 스포크 박사의 양육 이론은 비판을 받았지만 그의 마지막 말만큼은 새겨들어야 할 가치가 충분하다.

어떤 '부모'가 될 것인가가 우선이다

요즘은 인터넷 커뮤니티와 SNS를 통해 각종 정보에 쉽게 접근할수 있다. 육아에 대해서도 마찬가지다. 요즘 젊은 부모들은 아이를 갖기 전에 육아에 대한 정보를 모으고 책도 열심히 읽으며 몸과 마음의 준비를 마친 뒤에 출산을 계획한다는 기사를 접했다. 아이를 낳기도 전에 미리 정보를 얻고 준비한다니, 과연 요즘 젊은 세대들답다.

내가 아이를 키울 때만 해도 아이는 결혼하면 자연스럽게 생기는 것으로 생각하고, 기껏해야 주변에서 보고 들은 정보에 의존해 아이를 기르는 것이 일반적이었다. 그렇기 때문에 체계적으로 출산과 육아를 준비하는 젊은 부부들을 칭찬하고 응원하고 싶다. 더 바라는 것이 있다면 육아 정보에 만족하지 말고 양육 철학에 대해서도 부부가 충분히 이야기를 나눴으면 한다는 것이다.

양육 철학은 '아이를 어떻게 키우고 싶다'에서 출발하지 않는다. 양육 철학은 '나는 어떤 엄마, 어떤 아빠, 어떤 부모가 되겠다'는 신념에서 출발한다. 특히 성장기에 각자의 가정에서 어떤 교육을 받았는지는 부모가 되는 과정에 큰 영향을 미친다. 따라서 부부가 자신의 경험을 나누고 아이와 함께 어떤 삶을 살아갈 것인가에 대해 정립하는 과정이 반드시 필요하다. 부부가 양육 철학을 공유하는 것은 일관성 있는 양육 태도로 이어지기 때문에 무엇보다도 중요한 일이다.

부모는 아이가 만나는 맨 처음 스승

양육 철학이 분명해도 막상 내 아이가 연관되면 철학보다 감정이 앞서는 게 부모다. 물론 유아교육학자도 예외는 아니다. 직장 생활을 하면서 대학원 공부까지 하느라 힘들 텐데도 늘 웃음을 잃지 않던 제자가 있었다. 남들이 꺼릴 수 있는 잡다한 수고로움까지 마다하지 않는 모범적인 학생이었다. 제자가 부모의 양육 철학과 관련하여 어느 육아 정보지에 올린 글을 여기에 일부 인용한다.

며칠 전 다섯 살 난 아들 아이가 어린이집에서 놀다가 이마가 찢어졌다는 전화를 받았습니다. '그 어린 게 얼마나 아팠을까?' 또 '얼마나 놀랐을까?' 하는 생각과 함께 한 모퉁이에는 어린이 집에 대한 원망이 가득 차 있었습니다. 얼굴이 붉으락푸르락해서 씩씩거리며 원장실로 직행해 원망의 말을 막 늘어놓으려던 참이었습니다. 원장실에서 조용히 쉬고 있는 아이를 발견하고 얼른 달려가 안아주니, 아이는 "엄마! 나 내일도 어린이집에 올래요. 선생님 혼내지 마세요. 제가 잘못해서 넘어졌어요!"라고 귓속말로 속삭였습니다. 또한 무척 미안해하는 선생님에게도 "선생님! 저 괜찮아요. 하나도 안 아파요. 속상해하지 마세요!"라고 소곤거렸습니다. 전화받고 어린이집까지 달려가는 내내 상황 파악도 없이 했던 원망과 함께 얼굴에 남겨질 흉터에 대

한 어린이집 책임만 생각했던 제 자신이 무척 부끄러웠던 순간

이었습니다.

　제자는 아이에게 늘 모범을 보여주고 싶었고, 그런 삶을 살고 있
다고 확신했을 것이다. 또 유아교육학자로서 가끔은 스스로 완벽
한 양육 철학을 가졌다는 생각도 했을 것이다. 그런 제자가 정작
'내 아이의 문제'에 직면하니 양육 철학 따위는 생각이 나지 않았다
고 한다. 제자의 사례처럼 양육 철학을 잘 정립하더라도 현실적인
문제에 부딪히면 순간적으로 실수를 할 수 있다.

　그러나 몇 번의 실수보다 중요한 것은 아이에게 일관된 모습을
보이는 것이다. 그리고 이러한 일관성의 근원은 결국 부모의 양육
철학에서 나온다. 양육 철학은 '나는 아이에게 어떤 부모가 되겠
다'라는 자신과의 약속, 또 아이와의 약속이다. 부모는 아이의 가
장 가까운 거울이자 맨 처음 만나는 스승이라는 사실을 명심해야
한다.

적절한 영양분이 싱그러운 꽃을 피운다

아이를 기르는 것은 화초를 기르는 것과 같다. 너무 많은 물과 영
양제는 오히려 화초의 뿌리를 썩게 한다. 적당한 햇볕과 물 그리고

적절한 영양분이 건강한 잎과 싱그러운 꽃을 피게 하듯, 과잉보호나 과잉 교육은 아이들에게 좋지 않은 영향을 끼친다.

조기교육은 말 그대로 보통의 기준보다 일찍 가르치는 것을 말한다. 그러나 지금 우리에게 필요한 교육은 아이가 뒤처질 것을 미리 걱정해 훗날 해야 할 학습을 미리 가르치는 선행 학습이 아니다. 너무 많은 물과 영양제가 화초의 뿌리를 썩게 하는 것처럼 선행 학습은 아이의 성장에 결코 긍정적인 영향을 주지 못한다.

언젠가 육아 관련 방송국 관계자로부터 들은 이야기다.

위층에 사는 유치원생을 만나 함께 엘리베이터를 탔는데, 아이가 갑자기 "아이고, 힘들다!"라고 말하면서 털썩 주저앉더란다. 그래서 아이에게 무엇이 그렇게 힘드냐고 물으니 이렇게 대답했다고 한다.
"수영을 하고 왔는데 또 주산 학원에 가야 하고 그다음에 미술 학원에 가야 해요."

어린아이가 얼마나 힘들었으면 엘리베이터에서 주저앉았을까?

현대 부모들은 한 번 지나가면 영영 돌아오지 않는 '아이의 시간'을 위해 온 정성을 기울인다. 때마다 설명회에 다니고, 책과 잡지의 육아 정보를 꼼꼼하게 읽으며, 다른 부모들의 의견에 귀를 기울인다. 이처럼 부모들의 양육에 대한 다양한 고민과 노력이 물과 퇴

비가 되어 자녀가 행복한 사람으로 자랄 수 있게 돕는다. 다만 식물이 건강하게 자라기 위해 적합한 비율의 영양이 필요하듯, 아이들 역시 개개인별로 각 시기의 발달 단계에 적합한 부모의 관심과 노력이 요구된다. 적어도 영유아기 만큼은 사교육에 대한 중압감을 느끼지 않게 해야 한다고 강조하고 싶다.

만약 지금 이 순간 막연한 불안감 때문에 유아기의 자녀에게 사교육을 시키고 있다면 한 번쯤은 생각해 보기 바란다.

'부모로서 나는 아이에게 어떤 유아기를 선물하고 싶은가?'

2장

달콤한 유혹,
조기교육

제때 출발한 아이가 정확히 도착한다

아이가 조금 힘들어하더라도, 경제적으로 부담이 되더라도 기회가 되면 조기교육을 시키고 싶은 것이 부모들의 솔직한 마음입니다. 아이의 뇌를 개발해 주고 더 나아가 성적을 올려줄 것이라는 기대 때문이지요. 그러나 연구 결과 조기교육은 아이의 성적을 올려주지 않았습니다. 그뿐 아니라 조기교육은 아이의 정서에 부정적인 영향을 미치는 것으로 나타났습니다. 부모의 성급함이 아이의 성장을 더디게 만드는 것은 아닐까요?

세계 여러 나라 유치원의 문자 교육 접근법

이스라엘 교육부의 초청으로 한 달간 이스라엘의 유치원을 방문한 적이 있다. 교실을 둘러보며 글자 공부와 관련된 학습 자료가 전혀 보이지 않아 교사에게 물었다.

"부모들이 글자 교육을 시켜달라고 요구하지 않나요?"

이 질문에 교사가 대답했다.

"아니요. 당연히 초등학교에 가서 배운다고 생각합니다. 그리고 이스라엘에서는 유치원이 의무교육입니다. 초등학교에서 가르칠 것을 유치원에서 가르치는 것은 불법이지요."

이스라엘뿐만 아니라 독일, 핀란드, 이탈리아 등 세계 여러 나라의 유치원에서 정식으로 글자 교육을 하지 않는다. 독일은 취학 통지서 아래에 '귀댁의 자녀가 입학 전에 글자를 깨치면 교육과정에서 불이익을 받을 수 있습니다'라는 문구를 넣고 있을 정도다.

그렇다고 유아들에게 문자 교육을 시키지 않는 것은 아니다. 그런데 그 내용을 살펴보면 우리나라처럼 학습지 중심의 선행 학습 개념이 아니라 정서와 오감 발달에 집중되어 있는 것을 볼 수 있다.

이스라엘에서는 초등학교 입학 전까지 가정과 유치원에서 글자나 숫자를 따로 가르치지 않는 대신 '화장실', '조심', '노크' 등 생활에 필요한 단어를 그림으로 알려준다. 그래서 이스라엘 유아들은 '조심'이라는 단어를 읽거나 쓰지 못해도 말이나 행동을 조심스럽게 할 줄 알며 남을 배려하는 마음을 배운다. 또한 '공룡'이라는 단어는 못 써도 공룡을 그리고 설명할 수 있다.

이탈리아의 에밀리아시에 있는 유치원은 3, 4월이 되면 아이들과 비와 관련한 프로젝트를 준비한다. 유독 비가 많이 오는 지역이라 비가 내려서 어디로 스며드는지 직접 '현장 탐험'을 통해 확인한다. 아이들은 도심을 걸으며 귀로 장소에 따라 달라지는 빗소리를 듣고 눈으로 물웅덩이에 비친 모습을 보며 대칭 개념을 깨닫는다. 비를 그림과 말로 표현하는 시간을 통해서 이때 느낀 감정을 바탕으로 자신이 관심 있는 주제에 대해 깊이 탐구하는 태도를 갖는다. 문자를 접하기 전에 문자에 대한 개념을 알고 문자를 경험하는 활동을 하는 것이다. 즉 문자 자체를 일찍부터 가르치는 것이 아니라 다양한 방법을 통해 문자에 접근해 보게 하는 것이다. 아이가 말을 배우기 전부터, 문자에 대한 개념이 생기기 전부터 직접 글자를 읽고 써보게 하는 우리나라의 문자 교육과는 상당히 대비된다.

지식보다 감정과 정서 교육이 먼저다

뇌 발달을 연구하는 전문가들은 우리의 뇌는 부위별로 순차적으로 발달하기 때문에 시기에 맞는 교육을 제공해야 한다고 강조한다. 예로 들면, 3세까지는 뇌의 기본 골격과 회로가 만들어지며 감정의 뇌가 빠르게 발달하기 때문에 정서와 오감을 통한 고른 자극이 필수적이라는 견해다.

아기는 어른보다 강력한 감각 능력을 갖고 태어나고, 3세까지 이를 통해 세상을 배운다. 이때 감각을 발달시켜 주지 않으면 도태되므로 오감이 발달하도록 만지고, 보고, 듣고, 맛보게 해주어야 한다.

미국의 버클리대학교 심리학연구소가 성공한 사람 600명을 대상으로 그들의 공통점을 조사한 유명한 연구가 있다. 이 연구에서는 성공한 사람들의 다섯 가지 특징 중 두 번째로 '살아 있는 감성'을 꼽았다. 즉 감정이 풍부하고 감각이 뛰어난 이가 성공할 가능성이 높다는 것이다. 그러므로 자녀의 성공을 위한다면 유아기의 자녀에게 한글과 숫자를 가르칠 것이 아니라 감정과 감각을 키워주어야 한다. 3세까지 감정과 정서의 안정과 발달이 이루어져야 그 다음 단계에서 지식 교육을 받아들일 준비가 되기 때문이다.

조기교육이
적기교육보다 효과적일까?

유아교육 전문가로서 대학에 있다 보면 가끔씩 부모로부터 전화를 받는 경우가 있다.

"우리 아이가 아무리 봐도 보통 아이보다는 똘똘한 것 같은데 유아기에 그냥 두어도 될까요?"

"워킹맘인데 회사 일이 바쁘다 보니 아이를 그냥 방치하는 것 같아서 불안해요."

"전업주부인데 전문가도 아닌 내가 이렇게 하루 종일 아이를 끼고 있어도 되는 걸까요?"

참 별별 문의가 많이 들어오는데 공통점이 있다. 아이를 그냥 놀게 두는 것이 너무 불안하다는 것이다. 그리고 교육은 나 같은 엄마가 할 수 있는 것이 아니고 전문가에게 맡겨야 하는 것은 아닐까

하는 불안이다. 이것은 일부분은 맞고 일부분은 틀리다. 우선 유아 교육 전문가로서 단연코 말할 수 있는 것은 유아기의 최고 전문가는 다른 사람이 아닌 바로 부모라는 것이다.

영유아기의 가장 중요한 발달과업은 이 시기에 인생의 모든 기초 작업을 이루는 것이다. 엄마와의 안정적 애착을 바탕으로 남과 같이 잘 어울려 지낼 수 있는 사회성 발달이 주축을 이뤄야 하는 시기인 것이다. 이를 위해 영유아기에 가장 좋은 교육은 몸을 많이 움직이고 오감을 많이 사용하면서 또래들과 즐겁게 어울리는 것이라고 할 수 있다.

조기 선행 교육을 강조하는 각종 학원도 놀이 중심의 교육이라고 주장하는 경우가 많다. 그러나 사실은 놀이로 포장된 학습인 경우가 많다. 여기서 말하는 조기교육은 유아의 발달 단계에 맞지 않는 내용을 지나치게 학습 위주로 일찍 가르치는 것을 의미한다.

읽고 쓰고 셈하기 위주의 소위 '조기 인지적 학습'은 전두엽이 성숙하면서 이루어지고 초중등 학교생활을 거치면서 지속적으로 성숙하는 것이다. 단기간에 자극을 한다고 해서 완성되는 것이 아니다.

그렇다면 유아기의 뇌는 어떤 뇌일까? 소위 전문 교육을 통해 공부하는 뇌가 아니고 감정을 느끼는 정서적인 뇌, 실제 움직임을 통한 경험을 해보는 뇌 발달 시기이다. 아직 뇌 속에 모든 하드웨어가 틀을 잡지도 않았는데 소프트웨어만 잔뜩 공급한다면 효과가 있을까? 아마 과부하가 걸려 뇌 자체가 작동하기 어려워질지도 모른다. 현재 일찍부터 아이들이 틱 장애, 비디오 증후군, 소아 우울증, 무기력증, 반응성 애착 장애, 자폐와 유사한 행동을 보이는 사례들이 보고되는 것에도 주목할 필요가 있다.

적기교육을 시키면
아이 성적이 뒤처질까?

조기교육에 대한 부모의 속마음에서 살펴본 것처럼 조기교육을 시키는 부모들 중에도 조기교육을 반대하는 경우가 꽤 많다. 특히 조기교육의 폐해가 드러나며 적기교육에 찬성하는 부모들도 많이 생겨났다. 그런 반면 적기교육을 실천하는 부모는 드물다. 그 이유는 막연한 불안감에 사교육을 시키는 이유와 똑같다.

'적기교육을 시키면 내 아이만 성적이 뒤처질 것 같아서…….'

더 나아가 '뭐든지 조금이라도 어릴 때 시작해야 뒤처지지 않는다', '뇌는 유아기에 80퍼센트까지 완성된다'는 논리와 함께 조기교육은 그 시작 연령이 점점 빨라지고 내용도 다양해졌다. 유아기 부모들이 가장 궁금해하는 것 중 하나가 '과연 언제부터 글자를 집중적으로 가르쳐야 하는가'이다.

	조기 사교육 받은 집단(평균)	조기 사교육 안 받은 집단(평균)
독해력	48.33	51.07
논리력	49.31	50.99
맞춤법	49.25	51.08
오자	49.65	50.66
관련 단어 찾기	49.69	50.48
전체 평균	49.25	50.86

5세 사교육 경험 유무에 따른 초등 1학년 시기의 읽기 능력과 어휘력(단위: 점)

50여 년간 위와 같은 질문을 수도 없이 받다 보니 시기를 떠나 과연 한글 선행 학습이 모두가 바라는 대로 초등학교 공부에 긍정적인 영향을 미치는지 궁금했다. 영유아기의 조기 사교육이 학습에 효과적이라는 연구 결과는 어디에서도 찾아볼 수가 없었기 때문이다.

그래서 연구팀을 구성해 읽기 쓰기 관련 사교육을 받은 5세 집단과 일반 유치원에 다니는 5세 집단을 모집해 비교 분석하는 연구를 시작했다. 이들이 초등학교 1학년 말이 되었을 때 국어 능력 테스트 결과는 어땠을까?

초등학교 1학년 국어 점수를 확인한 결과 독해력을 비롯하여 논리력, 관련 단어 찾기, 오자, 맞춤법 등 총 5개 영역 모두 두 집단이 별다른 차이가 없었다. 오히려 문자 관련 선행 사교육을 받지 않은 일반 유치원 집단의 평균이 약간 높았다. 국어 능력 중에서 문장을 이해하고 해석할 수 있는 독해력의 경우 문자 관련 선행 사교육을 받지 않은 아이들의 평균 점수가 오히려 높게 나타났다.

이 연구는 읽기, 쓰기 선행 학습이 국어 점수를 높이는 데 별 효과가 없다는 사실을 증명해 보였다는 점에서 큰 주목을 받았다.

이후에도 나와 연구팀은 이 아이들이 3학년이 되었을 때의 문자 해독 능력을 알아보기 위해 읽기 이해 능력, 어휘력 검사를 실시했다. 놀랍게도 결과는 전혀 달라지지 않았다. 읽기와 쓰기 등 선행 학습 사교육 경험이 없었던 아이들이 읽기 이해 능력과 어휘력에서 더 높은 점수를 받았다. 읽기 이해 능력의 어떠한 점에 차이가 있는지를 살펴보니 사실적, 추론적, 비판적 이해 점수 모두 사교육 경험이 없는 집단에서 높게 나왔다. 이 중에서도 비판적 이해에서 큰 차이가 있었다. 이는 국어 능력 중에서도 더 고차원적인 문장의 이해력이 높다는 것을 의미한다.

또한 2024년 육아정책연구소 김은영 연구위원이 진행한 초등 1학년 72명의 언어 능력과 사교육 경험을 조사한 결과에 의하면, 영유아 시기 사교육을 한 가지 이하로 받은 아이의 평균 언어 지수(학령기 아동의 전반적 언어 발달 상황을 점수화한 것)는 111점으로 2~5가지(116점), 6가지 이상(118점) 받은 아이와 큰 차이가 없었다. 어휘력 점수 차 역시 크지 않았다.

이러한 연구 결과들은 부모의 바람과 달리 조기 언어교육이 아이의 읽기 능력을 발달시키기 위한 궁극의 해결책이 되지 못한다는 증거라고 할 수 있다. 이를 달리 해석하면 적기교육을 시키면 아이의 성적이 뒤처질까 불안해하는 것 역시 기우라는 것을 알 수 있다.

이러한 연구들에서 우리가 주목해야 할 것은 국어 능력이 단순히 철자 읽기·쓰기의 완성을 의미하지 않는다는 것이다. 따라서 기계적인 철자의 연습은 글자의 해독을 빨리하게 할 수는 있으나 문장의 이해도와 독해 능력의 향상을 가져오지는 않는다. 아이들은 글을 읽지만 그것이 무슨 내용인지 어떤 개념인지는 알지 못하므로 국어의 포괄적인 능력이 향상되지는 못하는 것이다. 대입 수능시험의 언어 영역 문제에 주목해 보자. 문제의 대부분은 학생이 긴 지문을 숙독하고 이해하고 파악할 수 있는지 묻고 있다. 문제의 핵심이 독해 능력 평가인 것이다. 철자의 단순한 해독은 이러한 능력을 발달시키지 못한다. 따라서 영유아기에는 자음과 모음의 철자를 빨리 알게 하는 것보다 그 단어들이 가진 의미를 파악해 보는 활동을 하는 것이 더 중요하다. 예를 들면 그림책을 볼 때 그림책 속의 글자를 정확히 읽기보다는 그 내용을 짐작하고 파악해 보는 활동을 하는 것이 훨씬 중요하다.

한글뿐 아니라 조기교육 전반의 효과에 대한 연구도 하나 살펴보자. 2024년 3월에 국제 학술지 〈사이언스Science〉는 마가렛 버치날 미국 버지니아대 교수 연구팀이 3~5세의 유아들을 대상으로 실시한 조기교육 프로그램의 영향을 평가한 연구 결과를 발표했다. 이 연구는 유아기에 받은 조기교육 프로그램이 장기적인 학업 성취도 향상에 미치는 영향에 대해 다루고 있다. 연구팀에 따르면 조기교육 프로그램에 참여한 아이들이 초기에는 읽기, 쓰기, 셈하기 등에서 좋은 성과를 보였지만, 시간이 지날수록 그 효과가 사라지는 것으로 나타났다. 특히 초등학교 3학년 이후부터는 조기교육의 긍정적 영향이 관찰되지 않았으며, 오히려 부정적인 영향을 미치기도 했다. 또한 청소년기와 성인기까지 조기교육의 효과가 지속된다는 과학적 근거는 부족한 것으로 드러났다. 연구팀은 조기교육 자체보다는 아이가 성장하는 과정에서 영향을 미치는 환경적 요인이 더 중요할 수 있다고 지적하며, 특히 사회·정서적 능력 발달에 미치는 영향을 장기적으로 연구할 필요가 있다고 제안했다.

조기교육으로
우리가 잃어버린 것들

조기교육이 성적에 어떤 영향을 미치는지에 대한 연구는 수학 선행 교육에 대해서도 이루어졌다. 5세 시기에 수학 관련 선행 학습을 한 아이들이 초등학교 5학년이 되었을 때와 중학교 1학년이 되었을 때 수학 모의고사를 실시한 결과, 조기교육을 받은 집단과 조기교육을 받지 않은 집단의 수학 성적은 큰 차이가 없었다.

그런데 한 가지, 두 집단 간에 특이할 만한 사항이 눈에 띄었다. 조기교육을 받은 집단과 조기교육을 받지 않은 집단이 창의성과 사회성 발달에 큰 차이를 보인 것이다. 5세 시기에 조사에 참여했던 아이들이 초등학교 4학년이 되었을 때 유아교육 프로그램 유형에 따른 사회·정서적 발달 점수를 살펴본 결과 '놀이 중심' 유치원에서 유아기를 보냈던 어린이들이 사회·정서 발달 점수가 높았고,

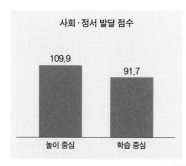
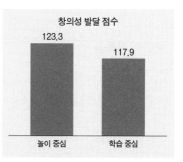

놀이가 아동기의 사회·정서와 창의성 발달에 끼치는 영향

창의성 발달 점수 역시 더 높았다.

이 모든 연구는 선행 학습에 과도하게 노출된 아이들의 학습 효과를 알아보기 위해 10여 년을 계획해 아이들을 추적한 결과물이다.

이 밖에도 몇몇 다른 연구에서도 조기교육의 문제점이 제기되었는데, 최근 가장 대표적인 예가 시민단체인 '사교육걱정없는세상'의 연구 결과이다. 사교육걱정없는세상에서는 소아정신건강의학과 전문의와 함께 조기 인지 교육이 아이들에게 어떤 영향을 미치는지에 대해 살펴보았다. 그 결과는 한결같이 조기 인지 교육과 같은 선행 학습 위주의 교육이 아이들에게 상당히 부정적인 영향을 준다는 의견으로 모아졌다. 전문의의 85.2퍼센트가 정신 건강에 부정적인 영향이 크다고 응답한 것이다. 학업 스트레스, 학습에서의 자율성 저하, 낮은 학습 효과와 창의력 저하, 또래 관계 형성에 부정적 영향, 문제 해결 능력 저하 등의 문제를 일으킨다는 이유에서였다.

구체적으로 학습 시간이 과도하게 많을수록, 사교육 가짓수가 많을수록 부정적인 영향을 미쳐 짜증, 분노, 공격성 등의 감정 조절에 어려움을 겪는 정서 문제, 부모와의 관계 악화 문제, 학습 거부와 같은 행동 문제 등이 더 많이 나타난다고도 했다. 전문의들은 이외에도 조기 인지 교육의 부작용으로 낮은 자신감, 산만함, 대인관계의 어려움 등을 언급했고, 신체 증상으로 복통이나 두통을 호소하거나 말더듬, 우울감, 틱 장애 등이 오는 경우도 있다고 했다.

이처럼 선행 학습을 위주로 한 조기교육은 부모의 바람과 달리 국어, 수학 성적에 직접적인 영향을 주지 못하며 창의성과 사회·정서 발달에도 부정적인 영향을 미친다. 심지어 신체에도 부정적인 영향을 미친다니, 이 얼마나 놀라운 결과인가! 우리는 아이들의 교육을 장기적인 측면에서 보아야 한다. 막연한 불안감과 주위의 분위기에 휩쓸려서는 안 된다.

영유아기는 정서 지능과 사회성을 발달시킬 시기

영유아기에는 점차 남과의 관계를 인식하면서 앞으로 인간관계의 기초가 되는 사회성을 발달시키는 것이 무엇보다도 중요한 과업이다. 아이는 2세 미만에는 엄마와 친밀감을 쌓으며 상호작용하고, 이를 바탕으로 2세 이후에는 점차 다른 또래와 어울리는 방법을 알게 된다. 따라서 유아기에는 다른 사람과 어울릴 수 있는 기회를 많이 제공하고 몸을 많이 움직이는 활동과 경험을 주어야 한다. 이때부터 학습지나 전문가와의 소위 공부에 매달리게 되면 이런 중요한 사회성 발달을 이룰 기회를 잃게 된다. 태권도 학원, 피아노 학원, 미술 학원, 영어 학원, 수학 학습지, 한글 학습지 등등 초등학교에 가기도 전에 이미 5~10개 정도의 사교육이 이미 시작되고 있다. 물론 개별 아이의 발달과 흥미에 따라 사교육의 도움을 일부 받을 수는 있다. 그러나 그것이 유아의 일상생활의 거의 전부를 차지해서는 안 된다는 것이다.

정말 일찍부터 피아노를 시작해서 유명한 피아니스트가 되었다거나 직업을 갖게 된 사람이 얼마나 있을까? 극소수의 천재가 있을 수는 있겠으나 돌이켜보면 대부분 엄마에게 혼났던 일을 기억하는 사람이 더 많을 것이다.

영유아기에는 정서적으로 느끼는 뇌를 발달시키면서 다른 사람과 어울리고 협력하는 법을 배워나가야 한다. 이러한 것을 습득할 시기가 바로 영유아기이다. 여기에 가장 중요한 역할을 할 사람은 부모이며 전문가는 보조자의 역할에 지나지 않는다. 전문가에게 맡겨서 학습지나 공부에 아이들을 묶어 놓는다면 인간관계의 가장 기본이 되는 사회적인 행동은 언제 배울 수 있을 것인가?

많은 연구들은 영유아기의 이러한 전문 교육의 효과가 우리가 기대하는 것 만큼 효과적이지도 않으며 오히려 많은 부작용을 초래한다는 것을 분명하게 입증하고 있다. 즉 득보다는 실이 더 많다.

영재아를 둔
부모들의 특징은 무엇일까?

소아청소년정신과 의사인 노규식 박사의 글을 읽어보게 되었다. 그는 전국의 영재를 찾아보는 기회를 갖게 되었는데 그 과정에서 국악에 천부적 소질이 있는 친구들을 만났고 음악, 미술, 수학, 과학, 역사 등 다방면에서 뛰어난 친구들과 그 가족들을 많이 만났다. 그렇게 1년간 영재와 영재 부모를 만났던 그는 한 가지 의문점을 갖게 됐다.

'왜 이렇게 늦둥이들이 많을까? 늦둥이 부모들의 특징은 아이가 좋아한다니 시켜주고, 시켜주었더니 좋아해서 내버려둔 것이지 아이가 정말 수학을, 문학을, 과학을 잘하는지에 대해서는 잘 알지 못하였다. 정확히는 관심이 없었다. 자녀의 특기를 빨리 찾으려고 이리저리 끌고 다니는 부모의 모습을 찾을 수가 없었다. 부모가 더 젊은 것도 아니고, 선행 학습을 시키는 것도 아닌데, 아이들에게서 이런 영재성이 나타나는 이유는 무엇일까?'

노 박사는 이 의문에 대한 답을 영국 런던대학교가 수행한 밀레니엄 코호트 연구Millennium Cohort Study 프로젝트에서 엿볼 수 있었다고 설명한다. 이 연구에 따르면, 산모가 35세가 넘어서 낳은 아이들의 7세 전후의 인지능력이 그보다 젊은 산모들의 아이들보다 유의미하게 높았다. 속칭 '더' 똑똑한 아이들인 것이다. 그렇다면 도대체 왜 늦둥이 아이들의 인지능력이 더 발달한 걸까? 여기서 주목할 것은 부모의 정서적 안정이다. 35세 이상의 부모들이 더 젊은 부모들에 비해서 부모로서 정서적 안정성이 더 높았다는 것이다. 정서적으로 안정이 되지 않은 뇌는 항상 불안한 상태에 있고 이때 나오는 22헤르츠(Hz) 이상의 뇌파는 오히려 집중력을 방해하고 학습의 효율을 떨어뜨린다. 부모의 정서가 안정되어 있다는 것은 양육이 안정되어 있다는 걸 뜻하고, 그런 양육을 받은 아이들은 정서적으로 안정이 되며 정서적으로 안정된 아이들의 뇌는 훨씬 학습에 유리하게 되는 것이다. 다시 말해 정서적으로 안정된 부모가 영재성을 키운다는 결론이다.

부모들은 아이들이 행복하게 자라기를 진심으로 바란다. 그러기 위해서 부모의 행복을 기꺼이 희생한다. 그러나 부모가 아이를 키우면서 행복함을 느끼지 못하고 아이를 일찍 경쟁에 내몰며 다그친다면 우리 아이의 영재성은, 우리 아이의 잠재력은 사그라들고 만다는 것이 밀레니엄 코호트 연구의 결과이다. 그렇다면 도대체 우리는 무엇을 위해서 아이를 다그치면서 불행해져야 하는 걸까? 우리 아이를 늦둥이라고 생각하면서 키워볼 일이다.

또한 정서적으로 안정된 부모는 아이에게 학습에 대한 압박감을 주지 않는 방식으로 양육한다. 압박감은 학습을 많이 시키느냐 많이 시키지 않느냐의 양적인 부담감에서 오지 않는다. 여러 개의 학원을 동시에 보내면서 거기서 다 100점을 맞기를 요구하고, 다른 아이들과 비교하면서 "너는 왜 영어 학원을 다니는데도 다른 아이처럼 영어를 못하니?"라고 몰아붙이는 데 있다. 즉 무엇을 얼마나 하느냐, 학원을 몇 개나 다니느냐의 개수가 문제가 아니라 아이를 지나치게 다그치는 것이 문제이다.

우리는 아이가 일찍부터 모든 것을 다 배워놓아야 학습의 기초가 이루어진다는 강박관념에서 벗어나야 한다.

호기심과 맞바꾼
수식 암기

나는 어려서 유치원을 2년이나 다녔다. 그 당시에 유치원은 초등학교 입학 전 1년만 다니는 것이 일반적이었다. 자식에 대한 교육열이 높았던 어머니는 나에게 유치원을 2년이나 다니게 되었으니 이젠 구구단을 방 안에 적어놓고 무조건 외우라고 하셨다. 그래서 무슨 뜻인지도 모르고 '오일은 오, 오이는 십, 오삼은 십오……', 즉 '5×1=5, 5×2=10, 5×3=15……' 등 구구단을 노래처럼 외우고 다녔다.

구구단을 달달 외웠지만, 사실 내가 다섯 개의 묶음이 하나면 5, 다섯 개의 묶음이 둘이면 10, 다섯 개의 묶음이 셋이면 15가 된다는 것을 이해하는 데는 오랜 시간이 걸렸다. 초등학교 고학년에 올라가서야 깨달았던 것으로 기억된다. 그러니까 그전에는 곱하기의 개념을 모르고 수식만 달달 외웠던 것이다.

　예나 지금이나 아이들에게 기계적인 훈련을 통해 구구단이나 덧셈과 뺄셈 같은 수학 공식을 외우게 하는 것은 별 의미가 없다.

5-1=(5), 5-3=(5)라는 이상한 답안

세월이 흘러 우리 아이가 초등학교에 들어갔을 때도 수학 공부 풍토는 전혀 변하지 않았다. 나는 우리 아이가 초등학교에 들어갈 때까지 덧셈이나 구구단을 가르치지 않았다. 그러던 어느 날 아이가 풀이 죽어 집으로 돌아왔다. 수학 시험지를 꺼내 보여주는데 점수가 빵점이었다. 깜짝 놀란 나는 어떻게 된 영문인지 궁금해서 자초지종을 알아보았더니 다음과 같았다. 초등학교 1학년 학생들을 맞이하는 교사의 가장 큰 고민은 그때나 지금이나 선행 학습이었다. 학생들 가운데 상당수가 글을 읽을 줄 알고 수학 연산도 초급 수준까지 마친 상태였기 때문이다. 너무 많이 배우고 입학한 학생과 아무것도 배우지 않고 입학한 학생, 그 중간에 있는 학생 등 다양한 수준의 학생들을 한 반에서 가르쳐야 하니 교사는 어디에 기준을 두고 수업을 해야 할지 몰라 당황하기 마련이다. 우리 아이의 선생님도 그런 이유에서 아이들의 수준을 알아보기 위해 수학 시험을 본 것이다.

자초지종을 알고서 아이가 내민 시험지를 가만히 살펴보니 신기하게도 각각 답이 적혀 있었다.

5−1=(5), 5−3=(5), 4−3=(4)⋯⋯.

"어떻게 이런 답을 적었니?"라고 물어보니 아들은 이렇게 대답했다.

"시험 볼 때 내가 어떻게 하는지 몰라서 선생님께 '선생님, 이거 어떻게 하는 거예요?'라고 물어봤지. 그랬더니 선생님께서 '뒤에 있는 수를 빼'라고 하셨어."

그제야 나는 아들이 쓴 답을 이해할 수 있었다. '5−3'이라는 문제에서 '5' 다음에 나오는 숫자 '3'을 빼니 '5'라는 숫자만 남게 된 것이다.

"자, 오 빼기 일이라는 것은 사탕이 다섯 개 있는데 네가 한 개를 먹으면 몇 개가 남느냐고 묻는 거야. 그럼 몇 개니?"

"네 개."

"그래."

"그러면 그렇게 설명을 하지 왜 '5−1=( )'라고 해야 해?"

"그렇게 물어보려면 너무 길어지니까 모든 사람들이 약속을 한 거야. '5' 다음에 보이는 표시는 '빼기'라고 읽고, 이것은 먹었다, 없어졌다는 뜻이야. '1' 다음에 보이는 표시는 그래서 얼마나 남았느냐 하는 것이지."

그렇다. 유치원에 다니면서 아이들은 많은 경험을 통해 다섯 개에서 한 개가 없어지면 네 개가 된다는 것을 이미 알고 있다. 다만 그것을 수식으로 알지 못했을 뿐이었다.

다시 또 세월이 흘러 서술형 수학 등이 강화되는 등 변화가 있다고 하지만, 유아용 학습지를 분석해 보면 여전히 덧셈, 뺄셈, 곱하기, 나누기 수식을 복잡하게 만들어놓고 문제를 기계적으로 풀게끔 훈련을 시키는 경우가 많다. 이런 훈련은 개념을 알게 하는 것이 아니라 개념을 암기시키는 데 지나지 않는다.

이를 단적으로 보여주는 예를 들면, '8-5=3'이라고 즉시 답을 쓰는 아이에게 '8-5=10-5-( )=3'이라고 문제를 내고 괄호 안에 들어갈 숫자가 무엇인지 물으면 난처한 표정을 짓거나 짜증을 낸다. 금방 '3'이 나올 답을 왜 이렇게 복잡하게 만드는지 모르겠다는 표정이다.

이것은 무엇을 의미하는 걸까?

"아이들, 호기심이 사라졌다"

언젠가 신문에서 읽은 기사 제목이다. 기사는 초등학교 교사가 바라본 영유아 사교육의 부작용에 관한 내용이었다. 인터뷰에 응한 초등학교 교사는 초등 1학년은 생기발랄한 때라 엉뚱한 질문을 하기도 해야 하는데 요즘은 그런 모습을 찾아볼 수 없다고 안타까워했다. 또한 자신의 경험으로 볼 때 "취학 전 사교육의 효과는 길어야 1년"이고 "과도한 사교육은 단기적인 시험 기술로는 이어질지 몰라도 장기적으론 아이들의 발달을 저해한다"고 지적했다. 그리고 초등학교 교육과정 자체가 기초적인 면에 맞춰져 있으므로 취학 전에 한글 학습이나 수학교육을 받지 않아도 짧으면 두 달, 길면 1년 안에 학습 격차가 사라진다고 설명했다.

결과적으로 지금 부모들은 1년 앞서가기 위해 공부의 중요한 동력인 호기심을 잃게 만들고 있는 셈이다.

아이의 '호기심'은 하나의 독립 감각이라고 할 수 있다. 호기심은 아무리 사소한 것도 재미있게 보고 상상하게 하며 창의성을 키워 준다. 지금 우리가 유아에게 아무렇지 않게 주입하는 암기식 교육이 어떤 보물과 맞바꾼 산물인지 생각해 보는 시간이 필요하다.

성적은 최상위
그러나 공부 의욕은 평균 이하

"한국은 경쟁을 하기 때문에 학업 성취도가 높다. 공부는 잘하지만 학생이 행복한 나라는 아니다. 공부를 많이 해야 하고 경쟁이 치열하고 학습 의욕이 낮다. 성적이 높은 것은 바로 경쟁 때문이다."

"지나치게 오래 공부하는 아이들과 교육의 부담이 큰 부모들."

"한국 PISA 순위는 세계 최고지만 그 이면에는 아이들이 미래에 대해 꿈꿀 시간이 없다는 현실이 자리 잡고 있다."

"호랑이 부모 등쌀에 내몰리는 아이들."

OECD에서 실시하는 학업 성취도 평가(PISA) 결과를 보고 관계자와 해외 언론이 한국의 교육에 대해 지적한 내용들이다.

PISAProgram for International Student Assessment는 각 나라 학생들의 수학과 과학 학업 성취도를 비교해서 3년마다 발표하는 국제 학업 성취도 평가이다. 이 평가에서 우리나라 학생들의 수학과 과학 성취도는 이 연구가 시작된 이래 현재까지 최상위 수준을 기록하고 있다. 2022년에도 우리나라는 OECD 37개 회원국 중 수학 1~2위, 읽기 1~7위, 과학 2~4위를 차지했다. 그런데 학습 동기와 공부에 대한 태도 등을 측정하는 정서적 지수에서는 정반대의 결과가 나와 전문가들의 이목을 끌었다. 수학에 대한 흥미와 문제를 잘 풀 수 있다는 효능감과 자신감이 OECD 평균보다 낮게 나타난 것이다. 학업 성취도에서 우수한 아이들이 공부에 대한 흥미와 자신감이 최하위인 까닭은 무엇일까?

영민이라는 아이가 있었다. 부모가 모두 의사였는데 아들에 대한 기대가 남달랐다. 일찍부터 선행 학습을 시작했고, 엄마가 도맡아 영민이의 일정을 관리했다. 영민이의 일과표에서는 쉴 틈을 찾아보기가 힘들었다. 다행히 영민이는 부모의 기대에 맞춰 대학에 입학할 때까지 반에서 1등을 놓치지 않았다. 모의고사가 다가오면 담임선생님이 반 성적을 높이기 위해 영민이의 청소 당번 순서를 바꿔주기도 했다. 오로지 공부에만 집중한 결과 영민이는 명문대학교 의대에 진학했다.

그때부터 영민이에게 시련이 닥쳤다. 대학교 수업을 따라가지 못했던 것이다. 항상 남이 시키는 공부만 했던 탓에 스스로 공부하는 방법을 몰랐기 때문이기도 하고, 대학에서는 중고교 때처럼 선행 학습을 할 수 없었던 이유도 컸다. 결국 영민이는 대인 기피증을 겪게 되었고, 가까스로 대학을 졸업해 지금은 부모가 차려준 카페를 운영하고 있다. 회사 생활 역시 적응이 어려워 내린 결론이었다. 영민이의 사례는 주위 사람들을 많이 놀라게 했다.

항상 부모가 정해준 것만 따라가는 아이는 성인이 되어서도 무엇 하나 스스로 결정하지 못한다. 부모의 기대를 만족시키지 못할까 봐 늘 노심초사하고 긴장과 불안에 시달린다. 자신이 아닌 부모를 만족시키기 위한 공부는 즐겁지 않다. 부모의 성화에 입시를 위한 학습에만 매달리면 아이의 근육은 골고루 발달하지 못하고 '주입식 공부'라는 한 가지 근육만 발달하게 된다. "일단 입시부터 해결하자. 다른 건 대학에 가서 할 수 있으니까." 혹시 당신은 이렇게 말하는 부모가 아닌가?

'공부 의욕과 자신감은 어떤 약을 먹이면 생겨날까?', '공부 의욕은 어느 학원을 보내야 충전되나?'라고 생각하는 부모가 있을지 모르겠다. 애석하게도 그런 약과 학원은 세상에 존재하지 않는다. 한번 잃어버린 아이의 의욕과 자신감을 되찾아주는 데는 오랜 시간과 정성이 필요할 뿐이다.

공부 근육보다
마음의 근육을 먼저 키워주자

우리 아이들이 사회에 나가 제 몫을 다하기 위해서는 모든 근육이 골고루 발달해야 한다. 덧셈에서 받아올림 한 숫자를 어디에 써야 하는지 신경 쓰는 학습 기능만 길러서는 안 된다. 친구와 어울리면서 싸워도 보고 협력도 해보면서 자기 자신에게 닥친 문제들을 스스로 풀어나갈 수 있는 마음의 근력을 키워가는 과정과 시간이 반드시 필요하다.

　아이들도 일상에서 여러 문제에 부딪힌다. '친구가 장난감을 빼앗아갔을 때 어떻게 해야 할까?', '친구와 싸웠을 때 어떻게 화해를 해야 할까?', '친구를 사귀기 위해서는 어떻게 행동해야 할까?'……. 이런 문제들은 책상에서의 학습이 아니라 실제 생활 속에서의 학습이 더 중요하다. 그리고 이 모든 근간이 유아기에 집중적으로 형성된다.

그렇다면 마음의 근육은 어떻게 키워줄 수 있을까?

• 첫째, 가장 필요한 메타 인지능력을 키워준다

메타 인지능력이란 자기 성찰 능력이라고도 할 수 있다. 스스로 자기를 평가하고 자기를 조절해 가는 능력을 말한다. 초등학교 3학년이 되면 스스로 계획을 세우고 거기에 맞춰 자기를 조절하는 메타 인지 훈련이 가능하다. 말 그대로 혼자서 학습 전략을 세우고 거기에 맞춰 자기 조절을 하는 것이다. 이것은 반복 연습이 필요한데, 뇌의 반복 훈련과 습관을 통해 스스로를 꾸준하게 바라보고 자신을 알아가는 것이다. 메타 인지는 '내 머리 속의 거울'이라고도 할 수 있다. 이 능력은 부모가 대신 만들어주기 어렵다. 자기가 자기 자신을 바라보고 조절해야 한다. 예를 들어 불안감도 메타 인지능력을 통해 스스로 감정을 성찰하면 조절이 가능하다. 그래서 부모들은 아이에게 무조건 공부를 열심히 하라고 강요하기보다 스스로 공부하려는 마음과 그 공부에 효율적으로 몰입하도록 도와주어야 한다. 이것이 아이가 제대로 공부할 수 있도록 지원하는 근원적인 방법이다.

• 둘째, 스스로 긍정적인 생각을 끌어내도록 도와준다

아이 스스로 기분이 좋아지는 경험을 하게 한다. 특히 자기의 강점은 무엇이고 내가 잘하는 것이 무엇인지를 자각함으로써 자신감이 생기도록 한다. 이러한 자신감은 긍정적인 마음을 통해 감사하는 마음으로부터 생길 수 있다. 부모가 무엇인가를 해줄 때 자녀에게 "엄마, 고마워!"라는 말을 하게 하거나 친구가 장난감을 빌려주었을 때 "고마워!"라고 말하게 한다. 때때로 엄마와 아이가 함께 잠자리에 누워 오늘 고마웠던 일에 대해 함께 생각해 보고 이야기를 나누는 것도 좋다. 아이들이 기분이 좋으면 감정의 뇌만 활성화되는 것이 아니라, 사고와 관련된 전두엽 역시 활성화된다. 감정과 학습은 따로 있지 않고 함께 작용할 때 극대화를 이룬다. 더불어 '행복'까지 만들 수 있다는 것이 긍정 심리학의 핵심이다.

• 셋째, 아이의 회복 탄력성을 높여준다

쉽게 좌절하지 않고 적극적인 아이를 가리켜 회복 탄력성이 높다고 말한다. 심리학과 교육학 분야의 전문가들은 행복, 공감, 몰입, 긍정 등의 연구를 통해 인간의 긍정적이고 밝은 측면의 중요성을 강조하고 있다. 회복 탄력성이 낮으면 자신을 부정적으로 생각하기 때문에 열등감과 포기하고 싶은 마음, 두려움이 많아진다. 그런데 안타깝게도 우리나라 중·고등 학생들의 회복 탄력성을 살펴보면 세계 평균보다 한참 낮은 수치다.

그렇다면 유아기부터 형성되는 회복 탄력성을 어떻게 길러줄 수 있을까? 또 낮아진 회복 탄력성을 어떻게 회복할 수 있을까?

아이가 노력을 했을 때 부모가 적극적으로 반응을 보이고 아이의 감정을 세심하게 읽어줘야 한다. 그리고 쉼 없이 아이의 소리에 귀를 기울이고 전폭적으로 지지하는 '정서적 지지자'가 되어준다. 부모가 자신을 전적으로 믿어주면 아이는 더 강해진다. 자신을 지지하는 사람이 있다는 믿음이 있으면 어려움에 처했을 때 적극적인 마음으로 대처해 나갈 수 있기 때문이다.

초등학교 입학 전에
무엇을 준비해야 할까?

자녀를 키우면서 부모는 매번 선택의 기로에 선다. 세상의 모든 부모가 자녀에게 원하는 것은 아이의 건강과 행복이지만 부모의 선택은 똑같지 않다. 아이들이 놀이를 좋아하고 놀이를 통해 학습해 나간다는 사실은 유아교육 전문가가 아니어도 누구나 알 만한 상식이 되었다. 그러나 아이가 유치원을 졸업할 무렵이 되면 부모의 걱정이 슬슬 시작된다. 유아기 자녀를 놀게 해주어야 한다는 것은 알고 있으나 마음 한구석은 영 불편하다. 그리고 주위에 마땅히 놀 친구도 없다. 학원에 가야 친구를 만날 수 있는 것이 현실이다.

'이렇게 놀리면 초등학교에 가서 잘 따라갈 수 있을까?'

'옆집 아이는 책을 술술 읽는다는데, 우리 애는 어쩌지?'

'덧셈이나 뺄셈을 가르치지 않았는데 괜찮을까?'

이런저런 걱정이 밀려온다. 사실 유아교육학자인 나 자신도 우리 아이가 초등학교에 입학할 때 똑같은 걱정을 했다. 그래서 몇 가지 중요한 점을 정리해 보았다.

놀이학습법을 최대한 활용하자

초등학교 입학에 대비한다는 말은 초등학생처럼 책걸상에 앉아서 교과서로 공부를 시키고 시험을 보게 하라는 뜻이 아니다. 이제까지 놀잇감을 가지고 놀던 패턴에서 벗어나 책상에 앉아서 동화책도 읽어보고 종이에 글씨도 써보게 하는 것을 말한다. 이런 준비는 언제 하는 것이 가장 좋을까? 보통 유치원은 12월에 겨울방학이 시작되며 그 과정이 마무리된다. 그리고 이듬해 2월에 졸업식을 한다. 따라서 12월에서 2월 말까지가 가장 좋은 시기라고 할 수 있다. 정상적인 유아교육을 받은 아이라면 이때 초등학교에 가서 공부할 준비를 충분히 할 수 있다.

그렇다면 어떻게 하는 것이 잘 준비시키는 것일까? 아이들은 항상 놀고 싶어 한다. 초등학교에 들어갈 준비를 시킨다 하더라도 이 원칙은 계속 지켜나가야 한다. 즉 놀이학습법을 최대한 이용하는 것이다. 놀이를 통한 학습이야말로 가장 좋은 학습법이기 때문이다.

놀이를 통한 학습은 무엇인가를 가르친다는 것이 아니다. 다시 말해 진도를 정하고 학습한 것에 대해 시험과 같은 평가를 하면 그것은 놀이학습법으로써의 가치를 잃게 된다. 그런데 우리나라 부모들은 아이와 시계 놀이를 하면서도 시계를 보는 법을 가르치려고 한다. 놀이를 할 때는 아이가 시계를 가지고 마음껏 놀게 하자. 중요한 것은 간섭이 아니라 관찰이다. 부모의 세심한 관찰이 자기 아이를 객관적으로 볼 수 있는 방법이고 그것이 곧 가장 힘 있는 교수법이다.

선행 학습을 시키고 싶은 마음이 앞서더라도 그 유혹을 견뎌내야 한다. 선행 학습이 반짝 효과를 보일 수 있으나 장기적으로 볼 때 결코 성적을 올려주지 않는다는 것을 분명히 알아야 한다. 어린 시절에 모든 것을 다 배워놓아야 학습의 기초가 이루어진다는 생각에서 벗어나야 한다. 특히 유아기 때의 선행 학습은 아이에게 공부에 대한 자신감을 잃게 하고 집중력을 떨어뜨리는 결과를 불러오게 할 수 있다는 점을 꼭 기억하자.

문제는 집중력이다

부모는 아이가 초등학교에 가게 되면 학교생활에 잘 적응하면서 공부를 잘하는 것이 무엇보다 중요해진다. 공부를 잘하는 비결 중에서 가장 중요한 것은 집중력이다. 집중력이 성적을 결정한다고 해도 과언이 아니다. 그런데 요즘 아이들은 집중력이 길러지기는 커녕 산만한 경우가 너무 많은 것 같다. 초등학교에 가게 되면 수업 시간에는 적어도 가만히 앉아 집중하는 태도가 중요하다. 그러나 잠시도 가만히 앉아 있지 못하는 아이, 과제에 금방 싫증 내는 아이, 선생님의 설명을 건성으로 듣거나 대답하는 아이, 이미 선행학습으로 다 안다고 생각해서 지루해하며 한 가지 일을 진득하게 하지 못하는 아이, 조금도 기다릴 줄 모르는 아이 등이 많이 보여 참 걱정이다. 영유아기에 집중력을 키우려면 어떻게 하면 좋을까?

다음은 초등학교 시기 아이의 공부 집중력을 높여주기 위해 부모가 할 역할들이다.

1. 자기가 좋아하는 놀이에 완전히 몰입되어 빠져보는 경험을 갖도록 해준다.

2. 어려서 너무 많은 것을 하지 않게 한다. 많은 것을 해야 했던 아이들은 절대 한 가지에 집중하지 못하고 산만해질 수 있다는 것을 반드시 기억하자.

3. 어떤 일을 끝내 보는(완수해 보는) 경험을 많이 쌓도록 해준다. 예를 들면, 그리기, 만들기, 심부름하기 등등을 완수하고 성취감을 느껴보게 한다.

4. 하루에 한 가지씩 아이가 좋아하는 아주 재미있는 일(축구하기 등)을 하게 해준다.

5. 가만히 앉아 있는 활동보다는 신체적으로 움직이면서 또래와 어울리는 경험을 많이 하게 해준다.

6. 오랫동안 집중하여 어떤 일을 끝마쳤을 때 많은 칭찬을 해준다.

7. 모든 문제는 답이나 결과보다 그 푸는 과정이 중요함을 강조해 준다. 학습지에 익숙한 아이들은 '8-5=( )'이라는 문제에서 '3'이라는 정답을 금방 맞힐 수 있다. 그런데 이것을 '10-5-( )=3'으로 고쳐서 풀게 하면 어려움을 겪는다. 또는 구구단을 잘 외워 '5×3=15'를 아는 아이도 '사탕 다섯 개의 묶음이 세 개 있으면 사탕은 모두 몇 개일까?'라는 문제는 어렵게 받아들인다. 즉 그 수식의 내용과 과정을 이해하지 못하는 것이다.

집중력은 영유아기에 놀이를 통해서 최대한으로 길러줄 수 있다. 학원을 다니거나 학습지를 공부할 때 영유아들이 얼마나 집중하지 못하고 몸을 뒤트는지는 쉽게 관찰할 수 있다. 반면에 아이가 좋아하는 놀이에 몰두하면 얼마나 집중하는지 우리는 잘 알고 있다. 영유아기에 잡힌 집중하는 습관이 앞으로 초·중등 교육에서 학습 효과를 높일 수 있는 가장 중요한 밑거름이 된다는 것을 명심하자. 공부란 결국 집중력이 얼마나 있는가의 싸움이기 때문이다.

적기교육을
해야 하는 이유

적기교육의 취지에 찬성하면서도 막상 자녀에게 적기교육을 시키지 못하고 머뭇거리는 부모들이 많다. 여기에는 여러 가지 이유가 있을 것이다. 그중 가장 큰 이유는 조기교육의 효과에 대한 기대감과 적기교육의 효과에 대한 불안감 때문이라고 생각한다. 그러나 수많은 연구 결과에서 과도한 조기교육은 유아의 발달에 부작용을 일으키는 것으로 나타났다. 그중 부모가 꼭 알았으면 하는 연구 결과들을 모았다.

1. 조기교육은 성적을 올려주지 않는다

2장에서 살펴본 것처럼 영유아 시기에 발달 단계에 맞지 않는 영어나 한글 사교육을 많이 경험한 학생들은 초등학생이나 중학생이 되었을 때 관련 과목에서 사교육 경험이 없는 학생들과 같은 수준을 보이거나 더 낮은 수준을 보였다. 결과적으로 선행 학습 위주의 조기교육은 단기적으로는 반짝 효과를 보이나 장기적으로는 학교 성적에 긍정적인 영향을 미치지 않는다. 그리고 배움의 적기에 이르면 아이들은 보다 짧은 기간에 관련 능력을 습득할 수 있게 된다. 즉, 발달에 부적합한 조기 사교육에 과다 노출되는 것은 학습 효과를 장담할 수 없을 뿐 아니라 그 필요성조차 의심받고 있다. 부모의 욕심으로 어린 나이에 한글, 영어, 수학 등을 배우기 위해 자녀와 부모가 겪는 고통, 그리고 노력, 시간, 비용 등의 투자가 과연 의미가 있을지 생각해 봐야 할 일이다.

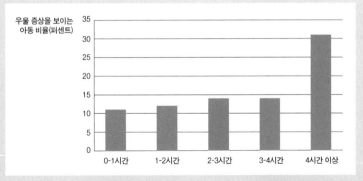

우울 증상을 보이는
아동 비율(퍼센트)

구간	비율
0-1시간	약 11
1-2시간	약 12
2-3시간	약 14
3-4시간	약 14
4시간 이상	약 31

(자료 : 홍현주, 사교육과 아동 정신 건강의 연관성 연구, 한림대 소아청소년정신과)

2. 조기교육은 아이의 정서에 매우 해롭다

자녀의 흥미나 관심, 동기, 의욕 등을 고려하지 않고 강요한 교육은 학습에 대한 거부감이나 싫증, 스트레스를 갖게 할 수 있다. 하루 4시간 이하로 사교육을 받은 경우는 10퍼센트 정도 아동만이 우울 증상을 보였지만, 4시간을 초과해 사교육을 받은 경우 우울 증상을 보이는 아동은 30퍼센트를 넘었다. 또한 2024년 육아정책연구소의 발표에 따르면 영유아 시기 지나친 사교육은 아동의 정서 발달에 부정적 영향을 미치는 것으로 나타났다. 초등 1학년 72명을 대상으로 조사한 결과 영유아 시기 사교육 경험이 한 가지 이하인 초등학생의 자존감 점수는 평균 53점으로, 2~5가지 받은 학생과는(52점) 비슷하지만, 6가지 이상 받은 학생보다(42점) 무려 10점 이상 높았다.

영유아 대상 조기교육은 특정 능력의 편향적인 발달로 유아의 전인적 발달에도 부정적 영향을 미친다. 영어 학원(일반적으로 영어유치원이라 불리는 사설 기관은 국가로부터 유치원의 인가를 받은 것이 아니고 학원으로 인가받은 곳이다. 법적으로 '유치원'이나 '학교'라는 명칭을 붙여서 사용할 수 없으므로 영어 학원이라고 표기했다)에 다닌 경험이 있는 아동들은 어

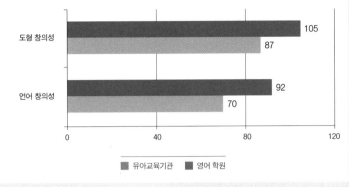

(자료 : 이슬기, 사교육걱정없는세상)

린이집이나 유치원에만 다닌 아동보다 초등학교 생활과 학업 수행, 또래나 교사에 대한 적응에서 어려움을 보였다. 또한 언어 창의성에서도 영어 학원에 다닌 유아들은 유치원이나 어린이집에 다닌 유아들과 비교했을 때 가장 낮은 점수를 보였다. 이러한 연구 결과들은 과도한 조기 사교육이 시간적·재정적 낭비일 뿐만 아니라 자녀의 성장 발달에 후유증을 남길 수 있음을 암시한다.

3. 자기 주도 학습이 성적을 올리는 데 효과적이다

한국개발연구원KDI 김희삼 박사의 연구에 따르면, 사교육비를 월 100만 원 늘리면 수학능력시험 성적이 전국 4등 상승하는 효과가 나타난다. 하지만 자기 주도 학습 시간을 하루 2시간 늘리면 수학능력시험 성적이 전국 7만등 상승하는 효과가 나타난다고 한다. 그러므로 아이의 성적을 올리고 싶다면 사교육을 늘리기보다 스스로 공부할 수 있는 힘을 길러주어야 한다.

3장

적기교육은
인성 교육

세상의 모든 부모가 자녀에게 가르쳐야 할 것이 있다

"유아기의 자녀에게 무엇을 가르쳐야 할까요?"

이 질문을 받았을 때 한글, 영어, 숫자 교육을 떠올렸다면 당신은 학부모입니다. 만약 그네 타기, 감수성, 자존감, 도덕심을 떠올렸다면 당신은 부모입니다. 부모가 자녀에게 제때에 가르쳐야 할 것은 공부만이 아닙니다. 공부보다 중요한 것이 인성입니다. 적기교육을 통해 부모가 자녀에게 가르쳐야 할 것도 바로 인성입니다.

오직 부모만 가르칠 수 있는
아이의 습관

조기교육에 대한 관심이 높아지면서 가장 두드러진 특징은 자녀 교육의 출발점이 가정이 아닌 학원이나 학교가 된 점이다. 이것이 유아교육 전문가로서 내가 가장 안타깝게 생각하는 점이다. 매우 당연한 말이지만 자녀 교육은 가정에서 시작되어야 한다. 가정은 훈육을 통해 아이에게 기본 생활 습관을 길러주는 '최초의' 장소이다. 또한 예절 교육, 감정 표현 등도 부모가 가르쳐야 할 것들이다. 이러한 것은 어려서부터 자연스럽게 생활을 통해 몸에 익혀야 하는 것이지 유치원이나 학원에서 교육으로 학습될 수 있는 것이 아니다.

그런데 요즘 부모들은 글자나 숫자는 빨리 가르치면 좋다고 생각하면서도 가정에서 이뤄져야 할 교육은 미루는 경향이 있다. 공부가 1순위이다 보니 "그만 놀고 공부해!", "숙제 마치고 나가 놀아!"라는 말은 단호하게 하면서 아이가 잘못된 행동을 하면 '아직 어리니까 좀 더 크면 가르치지 뭐', '학교에 가면 선생님들이 잘 가르쳐주실 거야'라고 생각하고 묵인한다.

기본생활 습관은 도덕성의 기초

부모가 아이의 잘못된 행동을 그때그때 고쳐주지 않고 넘어가면 어떤 결과가 나타날까? 전국 16개 도시에 사는 4~6세 아이 4,000명과 엄마들의 하루 일과를 살펴보니, 일어나기부터 옷 입기, 밥 먹기 등에 이르기까지 아이의 행동에 엄마의 손길이 미치지 않는 영역이 거의 없었다. 아이 혼자 하는 일은 세수가 거의 유일했고, 밥 먹는 것조차 엄마의 도움이 반드시 개입되었다. 생후 20~24개월이 되면 '더 달라'거나 '다 먹었다', '목이 마르다'는 표현을 할 수 있고 숟가락이나 포크를 사용해 음식을 먹을 수 있다. 그럼에도 불구하고 우리나라 현실은 아이가 4세가 지나도록 혼자 밥을 먹는 경우가 극히 드물다.

특히 예절과 관련된 면에서 더욱 그렇다. 아이가 잘못된 행동을 했을 때 가르쳐서 바꾸려고 하지 않는다. 식당이나 결혼식장에서 소리를 지르며 뛰어다니거나 다른 집에 손님으로 가서 집을 난장

97

판으로 만들어도 적극적으로 나서지 않는 부모들을 본 적이 있다. 이렇게 방치 아닌 방치를 하다가 어느 날 갑자기 아이에게 예절을 가르치기 위해 규율을 강조하면 아이는 습관과 예절을 단지 도덕 교과서에나 나오는 지식쯤으로 받아들이고 결코 일상생활에 적용하지 않게 된다.

도덕성의 기초는 거창한 데서 시작되는 것이 아니다. 어린 시절에 익힌 소소한 기본 생활 습관들이 커가면서 도덕성의 기초를 이루는 것이다.

이 시대의 키워드,
공감 능력

최근 교육학과 심리학에서 가장 주목하는 주제 중 하나가 '공감'이다. 전 세계적으로 공감 무능력자들이 사회문제를 일으키고, 공감 없는 사회에서는 어느 누구도 안전하지 않다는 인식이 확고하게 자리 잡으며 생긴 변화이다. 공감 무능력자들의 공통점은 겉으로 보기에는 평범하기 그지없고 심지어 모범적이기까지 하다. 대표적인 예로 EBS 〈지식채널e〉에서 방송된 미국 캔자스주의 연쇄 살인범을 들 수 있다. 두 아이의 아버지이자 자상한 가장이었던 그는 시청 공무원으로 이웃으로부터 존경을 받는 주민이었다. 그런 그가 30년 동안 열 명의 여자와 어린이를 고문해서 죽인 살인범으로 밝혀졌다. 조사 과정에서 그는 자신이 죽인 이들의 고통과 감정을 느끼지 못하는 것으로 밝혀져 충격을 줬는데, 심지어 상대방이

웃는 것과 우는 것조차 구분하지 못하는 공감 무능력자였다.

공감 능력이란 다른 사람의 감정과 입장을 이해하는 능력을 말하며, 더 나아가 거기에 적절하게 대응할 수 있는 능력을 말한다. 이러한 공감 능력과 감성 지능을 바탕으로 사람과 관계 맺는 능력이 발달한다. 공감 능력이 가족, 친구, 이웃, 나아가 더 넓은 세상에서 따뜻한 인간관계를 맺는 데 밑거름이 되는 것이다. 이런 공감 능력이 발달하지 못하면 다른 사람의 감정, 고통, 느낌에 대해 무감각해지고, 그 기분조차 이해할 수 없게 된다. 그래서 다른 사람의 고통을 방관하고, 심지어 앞장서서 폭력을 휘두르는 사람이 될 수도 있다.

공감 능력이 발달하려면 다음의 세 가지 요소가 모두 필요하다. 다른 사람의 감정을 마치 자기의 것처럼 느끼는 정서적 요소, 타인의 관점이나 역할을 이해할 수 있는 인지적 요소, 이러한 느낌과 이해를 상대방에게 표현하고 서로 나누고 소통하는 의사소통적인 요소이다.

공감 능력이 발달한 아이들은 대체로 행복하고 EQ(감성 지수)와 집중력이 높은 것으로 나타난다. 기분이 나쁘더라도 자기 감정을 잘 진정시킬 수 있고 심리적 면역력 또한 강하다. 또래 관계가 좋으며 변화에 잘 대처하고, 무엇보다 스스로 학습하려는 능력이 우수하여 학업 성적 또한 좋은 것으로 나타나고 있다.

인간은 태어나 생후 6개월까지는 다른 사람의 느낌에 대해 반응을 보이기 어렵다. 1세 이전까지는 기쁨, 분노, 슬픔, 두려움 등의 아주 기본적인 정서를 경험할 뿐이다. 자신을 돌봐주는 엄마를 알아보고, 다른 사람을 보면 낯을 가리고 엄마와 떨어지면 불안을 느끼는 분리 불안을 느끼는 정도다. 그러나 12개월 정도에 이르면 다른 사람의 고통에 대해 동요하거나 반응을 보이기 시작한다. 24개월이 되면 다른 사람의 고통에 대해 감정적 반응을 보이며 다른 사람을 제법 위로하기 시작한다. 간혹 다른 사람을 돕기도 하고 자신의 물건을 나눠 주기도 한다. 따라서 가정은 공감이 처음 뿌리내리는 중요한 공간이다. 타고난 공감 능력을 발달시키는 과정에서 당연히 부모가 가장 중요한 영향을 미친다.

공감 이론을 주장한 심리학자 마틴 호프만Martin Hoffman은 공감의 발달 수준을 다음과 같이 4단계로 나눈다. 1단계는 전체적 공감 수준, 2단계는 자기중심적 공감 수준, 3단계는 타인의 감정에 대한 공감 수준, 4단계는 타인의 인생에 대한 공감 수준이다. 호프만은 많은 사람들이 자기중심적 공감 수준을 넘어서지 못한다고 말한다. 공감 능력이 지속적으로 증가하지 않고 2단계에 그치는 이유는 우리가 가진 이기심 때문이기도 하고, 공감 능력을 충분히 발휘하지 못하기 때문이기도 하다. 그런데 신비롭게도 우리 몸에는 다른 사람에게서 일어나는 느낌 등을 재빨리 알아차리고 반응하는 신경세포가 이미 존재하고 있다. 이것을 '거울 신경세포'라고 한다. 공감을 위한 신경세포는 많이 사용할수록 촘촘해지고 정교해진다.

한마디로 인간의 공감은 가르쳐서 습득하는 것이 아니라 일상에서 자주 '공감'을 경험할수록 공감 능력이 뛰어난 사람으로 성장하는 것이다.

공감 능력은 어떻게 개발할 수 있을까?

아이에게 자신의 감정을 잘 표현하고 조절하는 방법을 알려주는 것은 부모의 몫이다.

"생일 선물을 받아서 오늘 네가 무척 기쁘겠구나."

"오늘 읽은 동화책은 무척 슬프지?"

아이들이 어떤 감정이나 느낌을 감지할 때, 그 순간을 놓치지 않고 적절한 언어로 감정 표현을 할 수 있게끔 이끌어줘야 한다.

종종 자신의 감정을 잘 드러내지 못하는 성인들을 만나게 된다. 이들 대부분은 다른 사람의 기쁜 일을 함께 기뻐하지 못하고, 슬픈 일에 적절한 위로를 할 줄 모른다. 이런 사람들은 어려서부터 여러 가지 감정 상태에 대해 어떻게 반응해야 하는지 잘 모르고 자란 경우가 많다.

자녀 교육 전문가들은 부모와 아이가 교감을 나누는 '감정 코칭'을 통해 공감 능력을 키울 수 있다고 입을 모은다. 감정 코칭이 이 시대에 중요해진 까닭은 감정을 스스로 잘 다루는 아이가 그렇지 않은 아이보다 행복감을 더 느끼기 때문이다. 연구에 의하면 감정 코칭이 잘된 아이들이 EQ가 높은 편이고, 우수한 집중력과 자기 주도 학습으로 학업 성취도까지 높게 나타났다. 이와 더불어 감정 코칭이 잘된 아이들은 자기 진정을 잘하고, 상처에 대한 회복 능력이 강하며, 변화에 능동적으로 대처함으로써 그렇지 않은 아이들보다 친구 관계가 좋았다.

그렇다면 아이의 공감 능력은 어떻게 길러줄 수 있을까?

• 아이의 감정 인식하기

아이가 자신의 감정을 표현했을 때 아무리 사소한 것이라도 놓치지 않아야 한다. 아이가 하는 행동에는 자기만의 감정이 담긴 경우가 많으므로 그것이 어떤 것인지 알아채는 것이 중요하다. 만일 아이의 감정이 어떤 상태인지 알기 어려우면 직접 물어보는 것도 좋은 방법이다. 이때 아이의 감정을 부모의 잣대로 규정짓지 않는다.

지금 기분이 어때? (○)

지금 화났어? (×)

• 감정적 순간을 좋은 기회로 삼고 대화 나누기

아이가 친구와 싸워서 화가 나 있을 때, 또는 뭔지 모를 일로 슬퍼할 때 부모들은 적극적으로 이야기를 나누기보다 그 상황을 회피

하려는 경향이 있다. 그러나 아이의 감정이 조금 진정되었을 때 그 상황에 대해 진지하게 이야기를 나누는 것이 좋다. 또한 아이들과 부모의 갈등이 생겼을 때도 조용한 곳에서 감정을 가라앉히며 감정의 완화 시간을 갖는 것이 좋다.

• 아이의 감정에 공감하고 경청하기

아이의 말을 잘 들어주는 태도가 매우 중요하다. "정말 좋았겠네!", "그랬구나, 네가 힘들었구나" 하는 식으로 말이다. 이때 아이의 긍정적인 감정뿐 아니라 부정적인 감정에도 공감을 해주는 것이 중요하다.

• 아이가 감정을 표현하도록 도와주기

아이가 자신의 감정을 그때그때 표현하도록 분위기를 만들어준다. "야, 남자가 뭐 그런 일로 우니!", "그렇게 참을성이 없어서 어떻게 해", "그깟 일로 화가 나면 엄마는 벌써 병이 났겠다!" 이 모두 아이가 자신의 감정을 숨기게 하는 부모의 표현이다. 아주 사소한 감정이라도 진심으로 공감하고 감정을 표현해야 한다. 그때에야 비로소 부모와 아이 사이에 진정한 교감이 이루어지며, 이를 기초로 좋은 부모와 자녀 관계를 이어갈 수 있다.

많은 부모들이 아이가 사춘기에 들어서면 감당하기 힘들다는 불안을 토로한다. "문을 쾅 닫고 들어가면 도무지 무슨 생각을 하고 있는지 모르겠어요", "나하고는 전혀 대화를 안 하려고 해요" 등 자녀가 갑자기 변했다고 걱정한다. 그러나 이 같은 행동은 이미 유아기 때부터 그 뿌리가 자라고 있었다는 것을 의미한다.

예전 부모들은 자녀가 굳이 말을 하지 않아도 편지나 전화 통화를 하는 것을 곁에서 지켜보면서 아이의 상태를 짐작할 수 있었다. 그러나 이제는 시대가 바뀌어 이메일과 휴대폰 문자를 통해 친구와 대화하기 때문에 아이가 직접 이야기를 하기 전에는 부모가 아이의 상태를 파악하기가 어렵다. 그러나 어려서부터 부모와의 교감이 돈독한 아이의 경우, 자신이 겪는 문제와 상처를 항상 부모와 나누고 싶어 한다.

· 아이가 스스로 문제를 해결할 수 있도록 기다리기

문제 해결을 위해서는 먼저 자녀에게 행동의 한계를 정해준 뒤 아이가 스스로 해결할 수 있도록 시간을 두고 지켜본다. 마음이 급해서, 혹은 도와준다는 명목으로 모든 문제에 훈수를 두고 대신 해결을 하면 아이는 영영 문제를 스스로 해결하는 방법을 배우지 못하게 된다. 이때 아이가 문제를 해결하기 힘들어한다면 몇 가지 방법을 제시하고 스스로 선택하게 하는 것도 방법이다.

다음의 상황을 보고 나라면 어떤 반응을 할지 점검해 보자.

(영이가 씩씩거리며 방 안으로 들어와 불만스럽게 이야기한다.)

영이: 나는 친구들이 미워! 친구들은 나를 미워해.
　　　 난 잘못한 것도 없는데 친구들은 나랑 안 놀아.

엄마: _____

••• 엄마의 반응

① 설교: 친구들한테 '미워'라는 말은 하지 말아야지. 그건 좋은
　　 말이 아니야.
② 합리화: 친구들이 왜 너만 미워하겠니? 그래도 네가 뭔가 잘
　　 못하니까 안 놀아주지.
③ 부인: 너는 참 좋은 아이인데 친구들이 그걸 모르는구나.
④ 무시: 자, 잊어버리고 과일이나 먹자!
⑤ 인정: 친구들이 안 놀아준다니 정말 속상하겠구나.

엄마의 반응 중 ⑤가 공감의 대화라고 할 수 있다. 엄마의 생각
이나 판단은 배제하고 아이가 지금 느끼고 있는 상태를 그대로
표현하고 있다.
다음 사례들에서도 스스로를 점검해 보자.

⋯ 사례 1) **엄마! 저는 친한 친구가 없어요. 그래서 혼자 놀아요.**

① 답답하구나! 넌 누굴 닮아서 그렇게 사교성이 없니?

② 잘됐다. 오히려 그 시간에 학습지나 풀면 좋겠네.

③ 재미있게 놀 수 있는 친구가 없어서 너무 외롭겠다.

⋯ 사례 2) **나는 장난감이 너무 없어요. 장난감이 많았으면 좋겠어요.**

① 그건 네가 말을 듣지 않기 때문에 그런 거야.

② 공부할 생각은 안 하고 장난감 살 생각만 하니?

③ 재미있게 놀려면 장난감이 더 필요하다고 생각하는구나.

⋯ 사례 3) **매일 게임만 한다고 잔소리하지 말아주세요. 내가 알아서 한다니까요.**

① 잔소리를 듣는 게 그렇게 싫어?

② 너도 잔소리를 듣는 게 싫지? 그런데 하루 종일 게임만 하는 너를 보면 어떻게 말을 안 할 수 있겠니?

③ 네가 알아서 행동하도록 엄마가 믿어주면 더 잘할 수 있다고 생각하는구나.

사례 1과 사례 2, 3 역시 ③의 반응에는 엄마의 판단이나 결정, 일방적인 지시가 없다. 공감에서 설교, 명령, 지시, 무시, 충고나 회피는 해결책이 될 수 없다.

글자와 셈하기보다
긍정적 자아 개념을 먼저 길러주자

"요즘처럼 아이와 어른 모두가 바쁜 사회에서 행복한 사람은 누구일까?"

나는 이 질문에 이렇게 답하고 싶다. 첫째, 자신의 일을 즐길 줄 아는 사람, 둘째, 가족을 비롯하여 자기와 관련된 사람을 사랑할 줄 아는 사람, 셋째, 하루에 한 번이라도 남을 생각할 줄 아는 사람, 넷째, 작은 일에도 기뻐하고 감사할 줄 아는 사람. 이런 사람을 한마디로 표현하면 긍정적인 사람이다. 여러 연구들을 살펴봐도 긍정적 사고와 긍정적 자아 개념이 행복의 주요 요인으로 지목되곤 한다. 긍정적 사고는 자신을 사랑하고 긍정적으로 바라볼 때 발달한다. 이것이 제대로 뿌리내릴 때 인생을 사랑하고, 두려움에 도전할 용기를 갖게 된다.

자녀에게 긍정적 사고와 자아를 일찍 길러주는 일은 부모의 중요 임무 중 하나다. 부모들은 내 아이가 다른 아이보다 똑똑하고 공부 잘하는 것을 매우 중요하게 여긴다. 그래서 경쟁하듯 한글을 깨우치게 하고, 숫자를 주입해 셈하기를 시킨다. 영어, 중국어 같은 외국어 교육과 코딩 교육을 시작으로 온갖 학습으로 아이를 포박한다.

부모가 아이의 지적 발달에 최고 가치를 두고 치중하면 아이의 지능이 올라가 초등학교 학습에 지대한 영향을 미칠 거라고 착각하기 쉽다. 그러나 나는 유아기에 지적 발달보다 더 중요한 것이 있다고 단언한다.

에릭 에릭슨Erick Erickson은 지그문트 프로이드Sigmund Freud의 이론을 새롭게 해석하고 발전시킨 심리학자다. 프로이드가 인간의 본능과 무의식의 세계에 관심이 많았다면, 에릭슨은 의식의 세계, 특히 인간의 자아ego에 관심이 많았다.

에릭슨은 자아의 발달 과정을 영아기, 걸음마기, 유아기, 학령기, 청소년기, 성인 초기, 성인기, 노년기의 8단계로 나누었다. 그중 생애 초기에 해당하는 영아기(태어나서 18개월까지)는 부모와의 관계에서 신뢰감을 형성하는 것이 가장 중요하다고 강조했다. 이후 걸음마기(18개월~3세)에는 무엇이든 스스로 해보려고 하는 욕구가 강해지는 자기 주도성이 발달하고 특히 이 시기에는 긍정적 자아 개념이 중요한 매개체가 된다고 주장했다.

자아 개념은 '인간이 자기 자신에 대해 어떻게 생각하는가' 하는 자기에 대한 견해를 말한다. 자기 자신을 부정적으로 보는지, 긍정적으로 보는지는 아주 중요하다. 흔히 자아 개념과 연관된 개념으로 자기존중Self-esteem, 자기정체성Self-identity과 같은 용어를 사용한다. 나는 현대사회에서 아이를 키우는 데 가장 우선시되어야 하는 점이 자아 개념, 특히 긍정적 자아 개념의 힘을 길러주는 것이라고 강조하고 싶다. 부모에게 진심 어린 격려와 칭찬을 많고 받고 자란 아이들은 긍정적 자아 개념을 갖게 된다. 하버드대 학생들이 어린 시절 부모에게 자주 들은 말은 '다 괜찮을 거야', '너는 나의 보물이다', '네가 가진 것에 항상 감사하렴' 등의 긍정적 말이라고 한다.

어려서 자아 개념이 제대로 발달하지 못하면 어떻게 될까?

어린 시절 자아 개념이 제대로 발달하지 못하면, 성인이 되어서 전반적인 정신 건강과 사회 적응에 어려움을 겪을 수 있다. 특히 낮은 자아 존중감과 높은 공격성은 발달 부족의 주요 결과로 나타날 수 있다. 구체적으로 어떻게 나타나는지 특징을 정리해 보면 다음과 같다.

첫째, 과도하게 목표 지향적이거나 목표가 없어지면 무기력해진다. 대입 수학능력시험이 끝나면 어김없이 성적을 비관해 스스로 삶을 마감하는 학생들이 있다. 그런데 대부분 성적이 우수한 아이들이 그 비운의 주인공이다. 자신이 목표한 성적을 내지 못해서, 기대보다 성적이 안 나와서 자괴감과 불안감을 버텨내지 못하는 것이다. 우리나라 최고의 대학인 서울대학교에서도 입학 후 자살하는 학생들이 많아서 2009년 이후 행복학 강의를 시작했다. 과도한 목표 집착은 지속적인 스트레스를 가져오고 목표를 미달성했을 때 자아 존중감이 하락하고 불안감을 경험하게 한다.

요즘 아이들은 원하는 대학에 가는 게 삶의 목표이다. 나의 목표보다는 부모가 원하는 것, 부모의 목표를 더 먼저 생각하기도 한다. 그래서 부모의 목표인 좋은 대학에 들어가는 데 성공하면, 하고 싶다고 생각했던 공부를 그만두고 자신이 좋아하는 일이 무엇인지 몰라 삶의 흥미를 잃은 경우를 많이 본다.

인생에 목표를 정하고 매진하는 태도는 잘못된 것이 아니다. 그러나 그 목표가 지나치게 장기적이거나 자신이 가진 능력보다 무리하게 높게 설정되었을 때 문제가 발생한다. 이 아이들 대부분이 목표까지 가면서 맞닥뜨리는 스트레스를 이겨낼 힘이 부족했던 것이다. 주위를 둘러보면 아이 스스로 현실에 만족하지 못할 때, 부모들이 자신이 이루지 못한 꿈을 자식을 통해서 대신 이루려고 할 때 이러한 목표 지향성을 보인다. 어려서부터 단기 목표를 세워 최선을 다하고, 궁극적으로는 차근차근 장기 목표에 이르는 습관을 길러주는 지혜가 필요하다.

둘째, 타인에 대해 지나치게 관심이 많다. 이는 자신에 대한 열등감이 있거나 자신감이 결여되어 있음을 보여준다. 부정적 자아를 가진 사람은 남의 일에 항상 민감하고 관심이 많다. 연예인의 사생활을 필요 이상으로 파헤치고, 익명 뒤에 숨어 특정 개인을 집요한 추궁과 댓글로 궁지에 몰아 파멸에 이르게 하는 일도 발생한다. 자신이 제대로 살아가고 있는지 불확실하고 불안하기 때문에 항상 남에 대해 신경을 곤두세우고 비교하고 괴로워한다.

셋째, 타인을 험담하고 끌어내린다. 부정적 자아가 강한 사람은 다른 사람을 수용하고 받아들이지 못한다. 누군가 칭찬을 받고 좋은 평가를 받으면 험담하고 끌어내리려고 한다. 다른 사람을 칭찬하기가 힘들고 또 누군가를 끌어내림으로써 자기 자신과 동일시하려는 심리가 있다.

넷째, 지나치게 자신감이 없거나 그 반대로 자신감이 넘친다. 부정적 자아를 가진 사람은 모든 일에 자신이 없거나 반대로 안하무인처럼 지나치게 자기주장이 강하고, 모든 사람이 자기 말을 들어주기를 강요한다. 극과 극은 통한다는 말이 있다. 자기의 자신 없음이 겉으로 드러나는 것이 두려워 포장을 하는 것이다. 요즘 유아들에게서 부쩍 자주 발견되는 행동이다. 예를 들어 유치원에서 소풍을 다녀오거나 견학을 다녀온 뒤 아이들에게 현장에서 보고 느낀 것을 그림으로 그려보자고 하면 "잘 못 그리겠어요, 선생님이 먼저 그려보세요"라고 말하는 아이들이 많다. 자신 있게 자기의 느낌을 표현하던 예전의 아이들과는 사뭇 다른 반응이다. 요즘은 한 자녀 가정이 많아 집집마다 공주와 왕자가 산다고 말하곤 한다. 그래서 요즘 아이들은 자신감이 넘칠 것 같지만 오히려 집단생활에 자신 없어하거나, 모든 일을 교사가 해주기를 원한다. 왜냐하면 집에서만 대장이기 때문이다.

다섯째, 남의 눈치를 보고 자기 의견이 없다. 부정적 자아는 다른 사람이 어떻게 생각하는지가 굉장히 중요해서 자신만의 의견을 내놓지 못한다. 자기 의견이 있더라도 남을 의식하느라 당당하게 표현하지 못한다. 자기 의견을 말했다가도 다른 사람이 동의하지 않는 것 같으면 얼른 의견을 철회하기도 한다. 어린 시절의 긍정적 자아 개념은 부모만이 만들어줄 수 있는 선물과도 같다. 글자와 셈하기보다 긍정적으로 자기 자신을 수용하는 영혼이 강한 아이로 키우는 것이 먼저라는 사실을 잊지 않기를 바란다. 그렇게 할 때 아이에게 자신감을 길러줄 수 있고, 그 자신감은 집중력과 끈기의 발판이 된다.

자존심과 자존감의
균형이 중요하다

"자존심 상했어!"

우리가 흔하게 하는 말 가운데 하나다. 자존심이란 무엇일까? 사전적 의미를 살펴보면 자존심이란 '남에게 굽히지 아니하고 자신의 품위를 스스로 지키는 마음'이다. 그래서 '자존심이 상했다'는 말은 나의 가치가 다른 사람 앞에서 손상을 입어 부끄러움을 느끼고 불쾌하며 화가 난다는 마음의 표현이다.

교육 현장에서 만난 대부분의 어른들은 아이들이 '자존심 상한다'는 사실에 대해 심각하게 생각하지 않았다. 요즘 시중에 나와 있는 양육서에서는 아이들이 잘못을 저질렀을 때 시간이 지난 후에 그것에 대해 이야기하는 것보다 그 즉시 이야기하는 것이 효과가 있다고들 말한다. 물론 맞는 이야기다. 그러나 부모가 아이에게 잘못된 행동을 알게 하고 이를 고쳐줘야 한다는 생각에 집중한 나머지 더 중요한 것을 놓치는 경우가 있다. 사람들이 많은 장소와 상황에서 아이의 잘못을 지적하고 훈계하면 잘못을 고치기는커녕 반항심과 수치심을 키우고 자존심에 큰 상처를 줄 수도 있다.

장소 문제도 있지만, 훈계 과정에서 하는 말도 중요하다.

"네가 하는 짓이 다 그렇지 뭐!"

"네가 또 그럴 줄 알았다!

"넌 도대체 누굴 닮아서 그러니!"

"네가 뭘 알아! 엄마가 하라면 하라는 대로 해!"

혹시 이런 말들을 무심코 하지는 않았는가. 만약 그랬다면 어른들의 말에 아이들이 상처받는다는 생각을 미처 못하는 것은 아닌지 되돌아봤으면 한다.

아이에게도 인격이 있다. 아이는 아이라는 이유만으로 존중받아야 한다. 아이를 인정하고 자존심을 지켜주면 아이는 자신의 삶을 긍정적으로 이끌고 자신의 성취를 위해 더욱 노력할 것이다. 물론 아이들의 '자존심을 지켜줘야 한다'는 말이 자식에 대한 무조건적인 사랑이나 편들기를 의미하지 않는다. 이런 식의 접근은 '자존심은 지나치게 세거나 높고 자존감은 낮은' 아이로 자라게 할 위험이 크다. 자존심만 지나치게 세고 자존감이 낮으면 자신의 잘못을 인정할 줄 모르고 자기 의견만 고집하기 쉽다. 결과적으로 자기 자신에 대해 만족할 줄 모르는 사람이 될 수 있다.

자존심과 자존감은 어떻게 다를까?

자존감은 '자아 존중감'의 줄임말로 자신을 존중하는 마음이다. 자존심과 자존감은 자기 스스로를 존중한다는 의미에서 비슷하지만 이두 단어 사이에는 결정적인 차이가 있다. 하버드대학 교육대학원 조세핀 김 교수가 이 두 단어의 차이를 명확하게 구분해 제시했다.

"자존심과 자존감은 그 마음이 어디에서 비롯되었는지에 따라전혀 다른 뜻을 지닌다. 자존심은 상대의 평가를 통해 자기 만족을꾀하는 마음이지만, 자존감은 어떤 상황에서도 스스로에 대한 존중과 사랑이 굳건하게 지켜지는 마음이다."

다시 말해서 자존심이 다른 이의 시선에 영향을 받는 것이라면,자존감은 자신을 제대로 사랑할 줄 알고 자신을 믿는 마음가짐이다. 주변의 상황 변화에 상관없이 자신의 가치를 알고 사랑하며 귀하게 여기는 것이 자존감이다. 문제 아동 뒤에는 문제 가정이 있다는 말이 있다. 그동안 유아교육을 하면서 만난 많은 아이들과 가정을 떠올려보면 새삼 이 말이 타당하다는 생각이 든다. 가정은 가장소중한 쉼터이자 사랑의 보금자리다. 인간이 태어나서 비로소 인간다워질 수 있는 것은 가정이라는 울타리가 있기 때문이다.

현대 가정은 편부모 가정과 이혼 가정, 주말부부 등 다양한 모습으로 이루어져 있다. 남모를 아픔을 간직하고 살아가는 가정도 많다. 그러나 가정 형편이 어떻든 한 사람이라도 아이를 믿어주고 존중해 주는 사람이 있다면 그 가정은 행복하다고 할 수 있다. 그 사람이 아빠가 될 수도 있고, 엄마가 될 수도 있고, 할머니, 할아버지가 될 수도 있다. 단 한 사람만이라도 그 아이를 사랑해 주고 그 아이의 이야기를 들어주고 믿어준다면 아이는 절대로 비뚤어지지 않는다.

이쯤 되면 아이의 자존심을 키울 것이 아니라 자존감을 키워줘야 한다는 생각이 들 것이다. 그래서인지 요즘 양육서에 '자존감'에 대해 강조하는 이야기가 많다. 그렇다고 아이의 자존심을 가볍게 여겨서는 안 된다. 자존감을 높이기 위해서는 아이의 자존심이 상처받지 않아야 하기 때문이다. 중요한 것은 부모들이 의식하지 못하는 말과 행동에서 아이들의 자존심이 낮아질 수 있다는 사실이다.

자녀에게 자존심과 자존감을 갖게 하려면 어떻게 해야 할까?

• 스스로 할 수 있는 기회를 많이 만들어준다

아이가 요청하지도 않은 일에 부모가 미리 도움을 주면 '넌 능력이 부족해!', '넌 스스로 할 수 있는 일이 없어!'라는 무언의 메시지가 아이에게 전달된다. 그렇기 때문에 아이가 자신의 의지대로 스스로 하려고 하는 시기가 오면 이를 허용하고 기회를 줘야 한다.

"안 돼!"라는 말을 너무 자주 하거나 아이의 의견을 수시로 반대하면 아이는 '내 선택이 잘못됐나 봐!'라는 열등의식을 갖게 된다. 성공한 사람들은 한 번도 실패를 경험해 보지 않은 사람들이 아니라 실패 속에서도 지속적인 노력을 통해 자신의 힘과 능력을 키워 지금의 자리에 오른 사람들이다. 그러므로 아이의 실패를 두려워하기보다 아이가 스스로 할 수 있는 기회를 마련해서 자존심에 상처를 주지 않도록 해야 한다.

• 아이를 있는 그대로 받아들여야 한다

부모는 다른 아이들과 비교하지 말아야 한다. 아이의 있는 그대로의 모습을 사랑하고, 아이의 가능성을 믿으며, 아이의 입장에서 지지해야 한다. 또한 주위의 다른 아이와 비교하지 않고 아이 자신의 과거와 비교해 성장을 인정해 주어야 한다. 다른 아이와 비교를 당하면 자기 자신이 우월하든 열등하든 경쟁심이 생기고, 자존심 상하는 것이 두려워 새로운 것에 도전하지 않으려고 할 수 있다. 자신의 과거와 비교해 성장을 인정받았을 때 아이는 자존심을 지키고 자신의 발전 과정을 확인하면서 착실하게 성장할 수 있다.

• 아이의 인격을 존중한다

아이도 성인과 동등한 인격을 가진 존재이므로 대접받고 존중받을 권리가 충분하다. 우리는 살아가면서 친구나 어른들이 어떤 잘못을 했을 때 그것을 드러내놓고 탓하거나 잘못을 지적하지 않는다. 그보다는 상대방의 마음을 헤아리고 마음이 상하지 않도록 이것저것 고려하며 조심스럽게 이야기를 꺼낸다. 마찬가지로 아이의 마음을 헤아려 자존심이 상하지 않도록 접근하는 태도가 필요하다. 아이를 꾸짖을 때 화가 난다고 큰소리를 낼 것이 아니라, 감정을 가라앉힌 후 다른 사람이 없는 장소에서 이야기하는 것이 아이의 자존감을 지켜줄 수 있는 방법이다.

교육 현장을 50여 년 가까이 지키는 동안 자녀 교육과 관련해 확실하게 말할 수 있는 한 가지가 있다. 사람이 살아가는 데 자신에 대한 믿음과 자신감, 자기 자신에 대한 사랑만큼 인생을 성공시키고 행복을 가져다주는 것은 없다. 아이가 성장하면서 자기 자신을 사랑하기 위해 반드시 필요한 요소는 자신에 대한 존중, 자신에 대한 긍정성과 자신감이다. 아이가 자기 자신에 대해 긍정적인 자아 개념과 자신감을 가졌을 때 새로운 일에 도전적이고 낯선 상황에서 두려워하지 않는다. 우리는 흔히 공부를 잘하는 아이가 자신감이 넘친다고 생각하는데, 전혀 그렇지 않다. 아이가 자기 자신에 대해 긍정적인 자아 개념과 자신감을 가졌을 때 성적 또한 따라온다. 자신에 대한 믿음과 존중, 자신감이 공부를 잘하게 만드는 것이다.

주위를 둘러보면 자신을 사랑하지 못하고 혐오하는 사람, 자신에 대해 항상 부정적인 사람의 인생은 늘 불안하고 초조하다. 자기를 사랑하고 자기를 존중할 줄 아는 사람만이 진정으로 행복한 삶을 살 수 있다.

🙏 아이의 자존감을 떨어뜨리는 말

••• 이런 말은 안 돼요!

① 너는 누굴 닮아서 그렇게 머리가 나쁘니?

② 네가 하는 짓이 그렇지 뭐!

③ 그저 노는 것만 좋아하지 말고 공부를 그렇게 열심히 해라.

④ 너는 정말 사사건건 문제만 일으키는구나.

⑤ 네가 단 한 번이라도 엄마 말을 들은 적 있어?

⑥ 조그만 게 별걸 다 알고 싶어 하네. 그런 건 지금 몰라도 돼!

⑦ 넌 꼭 엄마가 바쁠 때만 질문을 하더라.

••• 오늘 아이와 어떤 말을 나눴나요?

① 마음에도 없는 말을 하여 아이의 마음을 아프게 했나요?

② 칭찬보다는 질책의 말로 아이를 밖으로 내몰지는 않았나요?

③ 무심코 내뱉은 말이 아이와 싸움의 불씨가 되었나요?

④ 사랑스런 말 한마디로 아이의 아픔을 보듬어주세요.

⑤ 즐거운 말 한마디로 아이의 하루가 빛나게 해주세요.

⑥ "엄마와 아빠는 너를 정말 사랑해. 너는 우리의 큰 기쁨이란다."

지금 당장 아이에게 이야기해 주세요.

몰입은
아이 행복의 핵심 가치다

부모의 가장 큰 바람은 자녀의 행복이다. 그래서 행복 교육, 행복이론, 행복에 근거를 둔 긍정 심리학 같은 행복의 담론이 넘쳐난다. '행복해지기 위한 몸부림'이라고 해도 좋을 만큼 현대인들은 행복한 삶에 목말라 있으며, 자신의 불행이나 삶의 스트레스를 자녀에게 대물림하지 않으려고 애쓴다.

많은 심리학자들이 행복에 대해 서로 다른 생각을 제시하지만, 이들이 공유하는 핵심 가치는 자신이 좋아하고 추구하는 일에 열정적으로 참여하고 몰두함으로써 목적을 성취하는 삶이다. '몰입'과 '집중'은 자신이 진심으로 좋아하고 스스로 그것을 감당할 수 있을 때 나타난다. 아이들도 예외가 아니다. 이탈리아의 유아교육 전문가 마리아 몬테소리Maria Montessori 박사는 이 점에 대해 독창적인 견해를 제시했다. 그녀는 아이들이 교구를 이용해 수십 번, 수백 번 몰입하고 반복해 문제를 해결하는 모습을 보고 유아기를 '민감기' 또는 '몰입기'라고 표현했다. 아이들은 주어진 과제에 흥미가 있고 자기 수준에 맞을 때 마치 잉크를 빨아들이는 흡착 종이처럼 집중했다. 이 몰입의 경험을 통해 아이들은 눈앞에 일어나는 일을 즐길 수 있다. 유아들은 재미있고 스스로 잘할 수 있는 놀이나 행동을 통해 자신감을 갖고 열정적으로 몰입한다. 아이 스스로 최대 역량을 발휘할 수 있는 놀이를 할 때 행복감을 경험하는 것이다. 그러므로 유아기에는 재미와 흥미를 느끼는 경험을 쌓게 해주는 것이 중요하다.

몰입은 아이의 모든 활동에서 나타난다. 아이가 장난감을 가지고 놀 때나 찰흙으로 무엇인가를 만들 때 이마에 맺힌 땀방울이 아이의 몰입을 말해준다. 아이들은 좋아하는 일을 할 때 시간 가는 줄 모르고 몰두한다. 누가 시켜서가 아니라 스스로 원하는 일이기 때문에 내적 동기가 충만하다.

역으로 엄마가 억지로 시켜서 하는 행동은 그것이 놀이든 학습이든 아이들은 즐겁지 않다. 당연히 놀이와 학습의 효율성이 떨어질 수밖에 없다. 그러므로 아이에게 무엇을 시킬까 고민하기보다 아이가 잘하는 일이 무엇인지를 생각하고, 아이를 칭찬하며 즐거움을 공유해야 한다. 아이들은 몸으로 경험한 몰입의 즐거움을 오래오래 기억한다.

한 가지에 깊게 몰입하는 경험은 유아들의 산만함을 없애고 집중력을 키워준다. 더 나아가 유아기에 겪는 몰입의 경험은 학업에 집중할 수 있는 기초가 된다.

작은 노력으로도
집중력을 키워줄 수 있다

"유치원에서 유독 우리 애만 행동이 튀어요."

초등학교 입학을 앞둔 승훈이의 엄마는 걱정이 태산이다. 청개구리에 독불장군인 아들 승훈이가 학교 공부에 집중하지 못할까 걱정이 되어서다. 승훈이는 아주 어려서부터 또래 아이들에 비해 산만한 편이었다. 차츰 나아질 거라는 기대와 달리 점점 그 정도가 심해져 엄마는 더욱 걱정이 된 것이다.

사실 모든 아이들은 산만하다. 특히 만 3세까지는 집중 시간이 짧아 오랫동안 앉아 있지 못하는 것이 정상이다. 그 나이의 아이에게 집중력을 키워주겠다고 생각하는 것 자체가 문제라고 말하고 싶다.

또한 산만함에도 두 가지 경우가 있는데, 하나는 그 어떤 일에도 흥미를 느끼지 못해 몰입하지 못하는 경우다. 다른 하나는 모든 일에 호기심이 많아 다양한 활동을 하려는 욕심에서 비롯되는 산만함이다. 이 두 가지는 질적인 면에서 큰 차이가 있다. 첫 번째 경우는 사교육에 시달리는 아이에게서 자주 볼 수 있는 증상이다. 특히 한꺼번에 여러 가지 사교육을 받으면 어느 한 가지도 충실하게 해내지 못한다. 유치원에서도 수업에 집중하지 못하고 산만한 아이들이 있다. 대부분 방과 후에 사교육을 많이 받는 아이들이다.

교사에게 이렇게 말하는 아이들도 상당수다.

"선생님. 이따가 영어 학원도 가야 하고 수학 학원도 가야 하고, 피아노 학원도 가야 하고 학습지도 풀어야 해요. 그러니까 지금 놀게 해주세요."

두 번째 경우는 지극히 정상적인 행동이므로 그 호기심을 잘 살려주면 아이는 몰입의 즐거움을 느끼게 될 것이다.

여기서 우리가 살펴볼 것은 첫 번째 경우의 산만함이다.

주의가 산만한 아이들에게는 몇 가지 특징이 있다. 먼저, 한자리에 가만히 있지를 못한다. 계속 화장실에 가고 물을 마시고, 자신의 일보다 다른 아이들이 하는 일에 더 관심을 보인다. 만일 주변에서 누가 말을 하거나 일이 생기면 참견하고 그 일에 끼어들어야 직성이 풀린다. 이런 아이들에게는 단시간에 할 수 있는 일을 주는 것이 좋다. 예를 들어 엄마와 함께 요리를 만들어보는 것도 좋다. 정해진 시간 동안 요리 순서에 따르지 않으면 음식이 완성되지 않기 때문에 아이가 한눈을 팔 시간이 없다. 샌드위치나 만두 등 간단한 요리가 주의가 산만한 아이가 참여하기에 적절한 요리다. 이런 장점 때문에 요리 체험과 찰흙 놀이는 유치원 수업에서 많이 활용된다.

찰흙 놀이 역시 시간이 지나면 굳는 특성 때문에 시간 제약이 있다. 굳기 전에 흙을 주물러 뭔가 만들어보는 활동은 아이의 성취감과 집중력을 높여준다. 이 과정에서 아이에게 칭찬을 많이 해주는 것이 좋다. 칭찬을 할 때 우리나라 부모들은 요리와 찰흙 활동의 결과물에 지나치게 신경을 쓰는 경향이 있다. 무엇을 얼마나 잘 만들었는가 하는 결과보다는 만드는 과정을 더 격려하고, 마음껏 재료들을 탐색해 스스로 무엇인가 만들어보는 경험을 쌓게 해주는 것이 중요하다.

산만한 아이들은 감정 기복이 심하고 충동적이다. 기분이 좋다가 금세 태도가 바뀌어 소리를 지르거나 물건을 던지고 화를 내기도 한다. 대부분 과잉보호 속에서 자란 경우다. 이런 아이가 가정을 벗어나 사회에 나가면 자기 마음대로 되지 않아서 생기는 분노를 다스리지 못할 가능성이 높다. 아직 아이가 어리다고 여겨서 이런 행동을 반복적으로 받아주거나 방치하면 더욱 충동적인 아이가 되기 쉽다.

이런 유형의 아이들은 차분한 활동으로 유도해야 한다. 함께 동화책을 보고 엄마가 읽어주는 이야기에 귀를 기울이면서 그림이 있는 동화책에 집중하게 한다. 음악을 듣고 느낌을 이야기하는 것도 방법이다. 혹은 아이가 좋아하는 가족, 친구의 목소리나 노래를 녹음해서 누구인지 알아맞히는 활동도 좋다. 주의를 기울이지 않으면 정답을 맞힐 수 없기 때문에 놀이를 하는 동안은 아이가 조용하고 차분해진다.

집중력이 부족한 아이들은 항상 부산하다. 한마디로 에너지가 넘친다. 아이의 지나친 행동에 부모는 감당하기 힘들다. 그런데 이런 유형의 아이들이 건강하고 창의력이 뛰어난 경우가 많다. 이렇게 집중력이 부족하고 활동적인 아이들은 그 에너지를 바람직한 방향으로 발산하게 해주는 것이 좋다. 가만히 앉혀놓으려고 하면 할수록 반항이 더 거세진다. 이럴 때는 실외로 데리고 나가 실컷 뛰어놀게 한다. 집 안에 샌드백을 마련해서 실컷 두드리게 하는 것도 방법이다. 모래 장난, 물놀이도 긍정적인 에너지 발산에 효과적이다. 아이가 안전한 공간에서 마음껏 자유롭게 에너지를 발산하게 돕는 것이 요령이다.

행동이 부산한 아이들은 쉽게 싫증을 내고 끈기가 부족하다. 끈기와 인내가 얼마나 중요한지 깨닫게 해준 유명한 실험이 '마시멜로 실험'이다.

월터 미셸Walter Mischel이라는 심리학자가 4세 아이들을 대상으로 실험을 했다. 아이들에게 달콤한 마시멜로를 주면서 "지금 마시멜로를 먹을 수도 있지만 내가 밖에 나갔다가 돌아올 때까지 기다리면 더 많은 마시멜로를 주겠다"고 제안했다. 아이들은 기다리지 않고 마시멜로를 먹은 그룹과 기다렸다가 더 많은 마시멜로를 받은 그룹으로 나뉘었다. 이후 실험에 참가한 아이들의 학교생활을 추적했다. 12년이 흐른 시점에서 두 집단은 큰 차이를 보였다. 당시 마시멜로를 더 얻기 위해 기다린 아이들이 마시멜로를 바로 먹은 아이들에 비해 자신감이 높고, 정신적으로 더 강했으며, 효율적으로 일하고, 장애물을 극복하는 힘도 더 강했다. 스트레스도 더 잘 극복하고 성적도 20퍼센트나 더 우수했다. 목표 설정과 인내는 이렇게 중요하다.

끈기가 부족한 아이들은 부모와 함께 한 가지를 끝내는 경험을 하는 것이 중요하다. 함께 궁리하고 집중해서 완성하는 '만들기' 활동을 해보는 것이 좋은데, 그중에서도 퍼즐 맞추기가 적합하다. 퍼즐 조각은 아이의 상태에 따라 6~7조각 맞추기에서 점점 조각의 숫자를 늘려나간다. 유치원 아이들도 자신에게 흥미롭고 재미있는 놀이는 끈기 있게 할 수 있다.

유아기의 산만함이 앞으로 있을 학교생활에 문제가 된다면 어떻게 대처해야 할까? 사실 아이의 집중력이야말로 동기 유발과 함께 학습의 중요한 요인이다. 집중력이 학업 성취도를 좌우한다고 해도 틀린 말이 아니다.

기본적으로 아이가 여러 가지 일을 동시에 하지 않도록 배려해야 한다. 만약 아이가 여러 가지 일을 해야 하는 상황이라면 해야 할 일의 순서를 정해준다. 유치원에서도 자리를 정리할 시간에 너무 많은 물건이 어지럽게 놓여 있으면, 아이들이 잘 치우지 못하고 우왕좌왕한다. 그럴 때 교사가 "영희야, 너는 여기 인형들을 치워주겠니? 철수 너는 블록을 가지고 놀았으니까 블록을 치우자." 이렇게 아이들에게 할 일을 구체적으로 말해주면 아이들은 자신이 할 일에 집중한다. 되도록 한 번에 한 가지 일을 하도록 시키고, 그 일이 완결된 후에 다음 일을 시작하게 하는 것이 바람직하다.

친구들에게
인기 있는 아이로 키워라

"우리 아이를 소꿉놀이에 꼭 끼워주세요."

한 엄마가 유치원에서 하는 소꿉놀이에 자기 아이가 다른 아이들과 어울려 참여하면 좋겠다는 뜻을 유치원에 전해왔다. 아이 역시 소꿉놀이에 참여하고 싶어 했는데, 다른 아이들이 생각처럼 잘 끼워주지 않아서 급기야 엄마가 나에게 따로 부탁을 한 것이다.

나는 직접 아이들이 놀고 있는 자리에 가서 아이들에게 제안을 했다.

"얘들아, 오늘은 민수하고도 같이 놀면 어떻겠니?"

아이들은 "그래, 이리 와" 하며 민수를 놀이에 받아주었다. 그런데 이게 웬일인가? 돌아서서 보니 민수는 불과 10분도 채 지나지 않아 그 무리에서 떨어져 나와 혼자 놀고 있었다. 아이들의 세계는 어른이 마음대로 할 수 없다는 걸 그때 처음 깨달았다. 어른들의 사회에서 이루어지는 인간관계 못지않게 아이들의 세계 역시 나름의 질서가 있고, 철저하게 자기들만의 또래 집단을 형성하고 있다. 아이들이 또래 집단에 적응하려면 그 분위기와 규칙, 질서에 적응할 수 있어야 한다. 어른의 힘이나 명령이 개입되면 일시적으로는 효력이 있지만 지속되기 어렵다.

부모라면 누구나 내 아이가 친구들과 잘 어울리고, 언제 어디서나 환영받으며, 인기가 많은 아이로 자라길 소망한다. 부모들과 상담을 해보면 자녀가 다른 아이들과 어울리지 못하고 혼자 외톨이가 되는 것을 가장 두려워하고 있음을 알 수 있다. 유아기의 적절한 관계 형성 경험이 이후 아이가 겪을 대인 관계의 기초가 된다는 점을 부모들도 잘 알고 있기 때문이다.

실제로 유아교육 분야의 수많은 연구에 의하면, 친구들과 잘 어울리고 친구들이 좋아하는 아이들은, 학업 성적이 좋은 것은 물론 학교 적응력이 뛰어나고, 졸업 이후 사회생활과 대인 관계에서도 성공적이었다. 따라서 부모는 아이의 행복을 위해 가장 먼저 아이가 다른 사람과 잘 지내는 능력을 기르도록 도와야 한다. 그것은 아이가 또래 집단에서 소속감을 발견하도록 하는 일이다. 아이는 다른 친구들과 장난감을 나누고 양보하는 등 친구들과 어울리면서 집단에서 환영받고 인정받는 기쁨을 알아간다.

어디서나 환영받는 아이의 비밀은?

또래 친구들이 좋아하는 아이들에게는 몇 가지 공통된 특징이 있다.

친구들에게 환영받는 아이들은 다른 아이들과의 놀이에 적극적으로 참여한다. 놀이에 뒤늦게 참여할 때도 친구들의 놀이를 잘 관찰하고 있다가 같이 놀아도 되는지 물어보고, 놀이에서 자신의 역할을 분명하게 확인한다. 예컨대 친구의 장난감을 가지고 놀고 싶을 때 같이 가지고 놀 수 있는지, 혹은 가져갈 수 있는지 먼저 물어서 확인한다. 또 재미있는 놀이에 대해 많이 알고 있다. "이렇게 하면 어떨까?", "저렇게 하면 어떨까?" 하고 놀이를 좀 더 창의적으로 할 방법을 제안한다. 이런 성향을 가진 아이가 또래 친구들의 호기심과 관심을 불러일으킨다.

또 친구들 사이에서 인기 있는 아이들은 대체로 사회성이 뛰어나다. 만약 친구들과의 사이에서 분쟁이 일어나면 나름대로 그 문제를 해결하려고 노력한다. 친구들의 이야기를 잘 듣고 왜 그렇게 화가 났는지, 혹은 왜 그렇게 행동했는지 이유를 알려고 애쓴다. 친구들과 놀이를 하는 과정에서 문제가 생겨서 기분이 나쁠 때도 무작정 화를 내기보다 어떻게 문제를 해결하면 좋을지 대안을 제시하려고 노력한다.

그리고 무엇보다 정서적으로 안정되어 있다. 항상 밝은 모습으로 말을 재미있게 하고 잘 웃는다. 사실 유아기 정서는 쉽게 변하고 격렬하기까지 하다. 친구나 동생과 격렬한 몸싸움을 하고도 언제 싸웠냐는 듯이 만화영화를 보며 어울리는 모습을 쉽게 볼 수 있다. 서로 장난감을 차지하겠다고 울고불고 난리를 치던 아이들이 아이스크림을 함께 먹으며 재미있게 이야기하기도 한다. 아이들의 모습은 이렇게 하루에도 몇 번씩 변한다. 그리고 점차 다른 사람의 생각과 감정을 이해할 수 있는 능력이 자라면서 정서적으로 안정된 모습을 보인다.

더 나아가 친구들이 좋아하는 아이는 다른 사람이 느끼는 감정과 생각을 이해할 수 있는 정서 조망 능력이 탁월하다. 이를테면 친구가 넘어졌을 때 많이 아프겠다고 공감하는 능력이다. 물론 유아들은 정서 조망 능력이 충분히 발달되지 않았기 때문에 다른 사람의 정서를 온전히 이해하는 데 어려움이 따른다. 때문에 자기중심적으로 행동하는 경향을 보이기도 한다. 그러다가 차츰 자기중심성을 넘어 서서히 다른 사람의 관점을 이해하고 감정 상태에 공감하는 능력이 발달된다.

끝으로 친구들에게 인기 있는 아이들은 자아 개념, 특히 긍정적 자아 개념이 높다. 아이들도 성인처럼 자신감 넘치는 친구에게 매력을 느낀다. 다른 사람의 의견에 끌려다니지 않고 나름의 생각을 갖고 창의적으로 행동하는 모습에 관심을 갖게 되기 때문이다. 아이들이 다른 사람의 의견에 잘 따르는 친구를 좋아할 것 같지만, 사실은 독창적으로 행동하고 리더십이 있는 친구를 더 좋아한다.

배려는 유아에게
반드시 필요한 매너이다

2000년대 중반부터 우리나라는 집단보다 개인의 자율성을 중시하는 문화가 서서히 확산되었다. 그리고 최근에는 고령화, 저출산 현상으로 식스포켓Six Pocket이라 불리는 시대가 되었다. 한 자녀를 위해 부모와 조부모, 외조부모 등 어른 여섯 명이 아낌없이 지갑을 열어 지출하는 현상을 표현하는 말이다.

환경의 변화에 맞춰 부모들의 양육 태도 역시 크게 바뀌었다. 우선 자녀가 원하는 것이 있으면 가능하면 들어주려는 경향이 매우 강하다. 아이가 잘못을 하더라도 아이의 기를 죽여서는 안 된다는 생각으로 감싸는 경우도 많다. 또한 어떤 문제가 생겼을 때 아이의 판단이나 결정에 맡기고 기다리기보다 부모가 나서서 해결해 주려고 애쓴다. 그래서인지 '공주'와 '왕자'들이 많아졌다. 그 결과 아이들에게서 부족해진 것이 바로 '배려하는 마음'이다.

배려란 자신의 입장보다 상대의 입장을 우선시하고, 타인의 어려움이나 필요에 반응하는 것을 의미한다. 남을 배려하고 타인의 관점에서 사물을 보는 능력은 하루아침에 만들어지지 않는다. 그래서 유아기의 인성 교육에는 타인에 대한 배려와 존중, 협력이 포함된다.

아이에게 배려를 가르치는 가장 확실한 방법은 주변 사람들에게 배려를 베푸는 행동을 부모가 직접 보여주는 것이다. 또한 아이가 남을 배려하는 행동을 했을 때는 충분히 격려해 주어야 한다. 예를 들어 아이가 아픈 친구를 위해 가방을 들어주었다면 "친구가 아프니까 가방을 대신 들어주는 게 좋겠다고 생각했구나. 정말 잘했다"라고 구체적으로 말해주는 것이 좋다. 칭찬의 효과는 잘한 일에 대해 구체적으로 표현할 때 더욱 강력한 힘을 갖는다.

생후 15개월 된 아기들도 이타심을 갖고 있다

미국과 독일의 과학자들이 생후 15개월 된 아기를 대상으로 한 가지 실험을 진행했다. 먼저 아기들에게 과자를 공평하게 나누어 주는 영상을 보여주고, 그다음에 한 사람에게만 과자를 더 적게 주는 영상을 보여줬다. 아기들은 두 번째 영상을 더 오래 응시했다. 어린 아기들도 두 영상의 차이를 분명하게 인식한다는 증거였다. 이 실험으로 아기들도 공정성에 관한 차이를 인식한다는 사실을 알 수 있었다.

두 번째 실험에서는 아기들에게 두 개의 장난감을 보여주고 그 중 마음에 드는 것 하나를 선택하게 했다. 그런 뒤에 손을 내밀며 '나에게 하나만 줄래?'라고 물었다. 아기들은 저마다 다른 행동을 보였는데, 3분의 1은 자기가 좋아하는 장난감을 실험자에게 줬고, 3분의 1은 자신이 좋아하지 않는 장난감을 실험자에게 줬다. 나머지 3분의 1은 실험자에게 아무것도 주지 않았다. 이 연구는 고작 생후 15개월이 지난 아기도 '이타적인' 사회성을 보이며, 생애 초기에도 이타성에 개인적 차이가 있다는 것을 보여주었다.

가끔은 부족함을 일깨워주는 것도 좋다

배려심이 있는 아이로 키우고 싶다면 어려운 환경에서 생활하는 주변 사람들의 이야기를 아이에게 들려주며, 우리가 지금 얼마나 감사하며 지내야 하는지 생각할 기회를 만들어주는 것도 좋은 방법이다. 항상 풍족하게 생활한 사람은 아주 사소한 것 하나만 부족해도 힘들어 한다. 이런 사실은 미국의 한 30대 남성이 아버지를 살해한 사건에서도 확인할 수 있다. 보도에 따르면 아들은 평소 무위도식하면서 아버지에게서 매달 집세 2,400달러와 용돈 600달러를 받아왔는데 아버지가 용돈을 400달러로 줄이겠다고 하자 격분해 아버지에게 충격을 가했다고 한다. 이들 부자는 미국의 명문 프린스턴대학을 졸업했고, 아버지는 자산이 2억 달러(약 2,200억 원)가 넘는 백만장자인 것으로 알려졌다. 용돈 200달러를 더 주는 것이 아버지에게 그리 어려운 일은 아니었을 것이다. 단지 더 늦기 전에 아들의 잘못된 습관을 고쳐보겠다고 내린 결정이 이런 화를 불러온 것이다. 부모라면 누구나 자녀에게 풍요로운 환경을 제공하고 싶은 것이 당연하다. 그렇지만 이들 부자의 불행에서도 볼 수 있듯이 때때로 풍요로운 환경은 부작용을 낳기도 한다.

3세,
'나'를 인정받고 싶은 나이

아이 스스로 '자기 세우기'를 하는 시기가 되면 부쩍 표현이 거칠고 자기주장이 강해져서 어른들 눈에 반항적으로 보일 수 있다. 우리 옛말에도 '미운 일곱 살'이라는 말이 있을 정도다. 세계적인 교육학자 루돌프 드라이커스Rudolf Dreikurs는 이 같은 문제 행동을 아이의 '연령에 적합한 행동'이자 '낙담한 아이의 행동', '기술이 결여된 행동'이라고 정의한다. 그런데 이제는 5세보다 어린 유아들이 고집을 부리고 떼를 써서 부모를 당황하게 만드는 경우가 많다. 아무래도 아이 키우기 힘든 시기가 점점 당겨지는 느낌이다.

평소 가깝게 지내는 가정에 3세 외둥이가 있었다. 어쩌다가 그 집에 방문해 보면 장난감이 산더미처럼 쌓여 있곤 했다. 값비싼 장난감부터 초등학교 앞 문구점에서 파는 조립식 장난감까지 그 종류도 다양했다. 조립식 장난감은 3세 아이들이 갖고 놀기에 어려운 것이라 그것을 사준 이유가 궁금했다.

"외출해서 장난감만 보이면 그렇게 사달라고 떼를 써요. 사람들 보는 데서 바닥에 드러누워 울고 떼를 쓰면 뭐라도 하나 사서 안겨 줘야 그치지, 안 그러면 달랠 수가 없어요."

사연을 들어보니 아이가 심하게 떼를 쓸 때마다 어쩔 수 없이 사준 장난감이 집에 쌓인 것이다. 그런데 이렇게까지 부모가 떼쓰는 아이를 통제하지 못하는 데는 그만한 이유가 있다. 과거에는 부모와 아이 사이의 전쟁이 초등학교 입학을 앞두고 벌어졌다면, 요즘에는 그 전쟁이 아이가 '자기 세우기'를 하는 3세부터 시작되기 때문이다.

아이들은 3~5세가 되면 태어나서 처음으로 자기에 대한 인식 즉, 자의식이 생긴다. 이럴 때 아이는 부모로부터 독립해 자기 스스로 무엇인가를 해보고 싶어 한다. 그러나 현실은 여전히 부모에게 의존하는 시기이므로 아이 안에 의존성과 독립성이 공존하게 된다. 그래서 이제까지는 부모가 해주는 대로 잘 따르던 아이가 옷을 입혀줘도 '싫어', 밥을 먹여줘도 '싫어'라고 말하는 것이다.

아침마다 유치원이나 어린이집에 자신이 원하는 옷을 입고 가겠다고 고집을 부리는 아이들이 유독 많다. 날씨가 추운데 자기가 좋아하는 얇은 옷을 입겠다고 고집을 부리거나, 더운 날 겨울 외투를 입겠다고 고집부리며 엄마와 실랑이를 벌인다. 이럴 때는 어떻게 해야 할까? 겨울에 얇은 옷을 입겠다고 떼를 쓰고, 여름에 코트를 입겠다고 고집하면 번거롭더라도 원하는 대로 입혀줘서 아이가 자신의 행동이 어떤 결과를 가져오는지 느껴보도록 하는 것이 좋다. 단, 이때 '싫다'는 말에 숨은 마음속 생각을 반드시 살펴야 한다. 왜냐하면 그 말 속에는 여러 가지 의미가 있을 수 있기 때문이다. '싫어!'라는 아이의 말은 '나는 독립적인 존재야. 내가 독립적인 존재라는 것을 엄마도 인정해 주세요'라는 신호일 수도 있다.

이 시기의 '싫어'라는 말은 아이의 자의식이 성장 중이고, 정상적으로 사회화 과정에 들어섰다는 것을 의미한다. 엄마에게 의존하던 아이가 갑자기 떼를 쓰고 부정적인 태도를 보일 때는 '아이가 스스로 무엇인가를 해보고 싶어 하는구나'라고 생각하고 미운 일곱 살에 앞서 일찍 독립을 받아들일 준비를 하도록 하자.

"싫어", "아니야"라고 말할 때 어떻게 대처해야 할까?

첫째, 3세의 시기야말로 공공장소에서의 규칙과 올바른 생활 습관의 기초를 길러줄 절호의 시기이다. 이때는 아이가 먹고 자고 입는 의식주의 기초 행동을 스스로 하도록 유도하는 것이 좋다. 예를 들어 지켜야 할 규칙과 하면 안 되는 일을 아이의 눈높이에서 차근차근 가르친다. 젓가락과 숟가락을 익숙하게 사용하지 못하더라도 스스로 하게끔 여유를 갖고 기다린다. 옷도 혼자 골라 입게 하고, 약속한 시간에 잠들고 정해진 시간에 일어나는 습관도 키워준다.

둘째, 윽박지르거나 지시하기보다 아이를 대화의 상대로 인정한다. 아이가 반복해서 '싫어'와 '안 돼'라는 말을 하면 아무리 자식을 아끼는 부모라도 화가 나기 마련이다. 예를 들어 공공장소에서 아이가 떼를 쓰면 빨리 달래야겠다는 생각에 서둘러 아이의 요구를 들어주거나, 반대로 윽박지르고 위협하게 된다. 이때 부모와 아이의 관계를 일반적인 대인 관계의 관점에서 바라볼 필요가 있다. 엄마도 아이를 파악할 시간이 필요하고, 아이도 떼를 쓰면서 엄마를 파악할 시간이 필요하다. 결과적으로 대화를 통해 문제를 해결해야 한다. 이때를 위해 부모와 아이는 미리 원칙을 정하고 서로 규칙을 지키겠다고 약속을 해놓으면 좋다. 예를 들면 장을 보러 가기 전 오늘 살 물건들을 함께 이야기해 본다. 장난감을 언제 살 것인가에 대해 정해놓은 규칙이 있으면 아무리 바닥에 누워서 떼를 써도 장난감을 사주면 안 된다. 아이에게 약속을 상기시키고 감정을 추스를 시간을 충분히 준다. 아이가 특정 옷을 입는 것에 대해 싫다고 할 때도 왜 그러는지 이야기를 들어주고 스스로 결정하도록 도와준다. 그리고 나서 그 옷이 놀이를 할 때 얼마나 불편했는지 또는 추웠거나 더웠는지 이야기를 나누면서 아이의 결정에 대해 되돌아보는 기회를 가질 수 있다.

아이의 기질을 파악하면
육아가 쉬워진다

사람마다 얼굴과 체형이 다르고 성품이 다른 것처럼 아이들도 저마다 타고난 기질과 성품이 다르다. 여기서 좋은 기질이냐 나쁜 기질이냐 하는 것은 불필요한 구분에 지나지 않는다. 다만 아이의 기질과 성격을 고려한 적절한 양육 방법이 중요할 뿐이다.

아이가 태어나 몇 달이 지나면 서서히 타고난 특성이 눈에 띄기 시작한다. 이때가 아이의 특성을 파악할 시기이다. 당연히 순한 아이가 있고 까칠한 아이가 있다. 이에 따라 아이를 양육할 때 받는 스트레스의 경중 역시 달라진다. 특히 잘 깨고 잘 우는 아이의 경우, 부모의 양육 스트레스가 높을 수밖에 없는데, 크게 염려할 일은 아니다. 아이마다 특성이 다른 것이지 결코 아이가 자라나는 데 큰 문제가 있는 것은 아니기 때문이다. 오히려 날마다 달라지는 아이의 행동에 엄마는 기쁨을 느끼며 아이를 잘 키우겠다는 의욕으로 승화시키는 것이 좋다.

부모가 아이의 기질을 잘 이해하면 양육이 한결 수월해지고, 내 아이를 남과 비교하지 않을 수 있다. 그러므로 자녀의 행동을 매사 유심히 지켜보고 기질에 알맞은 양육 방법을 찾아 적용하는 것이 중요하다.

세계적인 베스트셀러 〈What to Expect〉 시리즈를 저술한 미국의 육아 관련 저술가 하이디 머코프Heidi Murkoff는 2011년 〈타임〉지가 선정한 '세계에서 가장 영향력 있는 100인' 가운데 한 사람이다. 그는 아이가 태어났을 때 부모가 아이의 네 가지 행동을 살펴보고, 행동 유형에 따라 다르게 지도해야 한다고 말한다.

1. 활동적인 아이인가?
2. 생활 패턴이 불규칙한 아이인가?
3. 새로운 환경에 잘 적응하는 아이인가?
4. 다른 사람과의 적응이 쉬운 아이인가?

활동적인 아이는 보통의 아이들보다 덜 자고, 수유를 할 때도 움직임이 크다. 사물에 흥미가 많고 탐색하는 것을 즐거워한다. 따라서 언제 어디로 팔을 뻗고 몸을 돌릴지 모르므로 가능한 한 침대에 혼자 두지 않도록 한다. 활동적인 아이는 충분한 휴식이 필요하다.

잠자기 전이나 수유 전에 마사지를 해주거나 조용한 음악을 틀어주면 좋다. 따뜻한 물로 목욕하기, 그림책 보여주기 등 잠자기 전과 수유하기 전 조용한 분위기에서 편안히 쉴 수 있도록 해주는 것도 좋다.

생활 패턴이 불규칙한 아이는 매일 같은 방법으로 일과를 진행하면서 아이가 규칙과 리듬을 몸으로 익힐 수 있게 해준다. 같은 시간에 목욕하고, 같은 방법으로 달래거나 재운다. 생활 패턴이 불규칙한 아이는 부모를 힘들게 할 수 있다. 따라서 엄마와 아빠가 교대로 아이를 돌봐주는 것이 좋다.

새로운 환경에 잘 적응하지 못하는 아이는 낯선 공간과 낯선 물건, 낯선 사람, 낯선 음식 등 친숙하지 않은 모든 것을 거부한다. 환경에 적응하지 못하는 아이에게 억지로 낯선 사람들을 만나게 하거나 새로운 장난감으로 환경에 변화를 주는 것은 좋지 않다. 이런 아이에게는 사람도 사물도 점차적으로 소개한다. 예를 들어 새로운 모빌을 걸 때 처음에는 1~2분만 걸어주고 없앴다가 점차 시간을 늘린다. 새로운 이유식으로 바꿀 때도 처음에는 소량으로 시작하고 1~2주에 걸쳐 조금씩 양을 늘린다.

다른 사람과의 적응이 쉬운 아이는 기르기가 가장 수월하다. 그렇다고 무관심해서는 안 된다. 아이가 보내는 신호에 적절하게 반응해 줘야 한다.

아이의 기질을 살피는 이유

기질이란 일종의 행동 스타일로, 어떤 상황에 처했을 때 아이가 반응하는 방식을 말한다. 미국의 저명한 아동학자 알렉산더 토머스 Alexander Thomas와 의학 박사 스텔라 체스Stella Chess는 아이가 환경에 적응하는 정도에 따라 까다로운 아이, 순한 아이, 소극적이고 느린 아이로 구분했다. 까다로운 아이는 예민해서 새로운 환경에 부정적으로 반응하고 생활 패턴이 불규칙한 편이다. 순한 아이는 먹고 자는 것과 같은 생활 패턴이 규칙적이고 환경에 쉽게 적응한다. 반면에 소극적이고 느린 기질의 아이는 먹고 자는 것이 규칙적이지만 새로운 환경을 만나면 움츠러들어 적응하는 데 시간이 걸린다.

아이의 성향이 까다로운 기질인 경우, 엄마가 옆에서 잔소리하고 모든 일에 참견하면 어느 순간 아이가 더 예민하고 까다로워진다. 이런 아이에게는 자극이 별로 없는 편안한 환경을 만들어주는 것이 좋다.

반면 순하고 요구를 많이 하지 않는 아이의 경우, 그대로 놔두면 아이의 호기심과 창의성이 부족해질 수 있으므로 다양한 자극이 필요하다. 부모의 말에 무조건 떼를 쓰는 것만큼 부모가 하자는 대로 무작정 따르는 태도 역시 좋은 태도는 아니다. 스스로 좋아하는 것을 요구할 수 있도록 아이에게 동기를 만들어주어야 한다.

소극적이고 느린 아이는 환경을 자주 바꿔주는 것은 좋지 않고, 다양한 활동보다 한 가지 활동에 집중할 수 있도록 충분한 탐색 시간을 주는 것이 좋다. 아이의 행동이 느리다고 부모가 앞서 행동하면 아이가 더욱 위축된다. 아이의 자존감 형성을 위해 일관되게 스스로 해보도록 기다려주는 인내심과 믿음이 필요하다.

아이들은 발달에 있어서 특히 개인차가 많다. 어떤 아이는 돌이 되어야 걸을 수 있지만 어떤 아이는 10개월에 이미 걷기 시작한다. 어떤 아이는 18개월이 넘도록 말을 잘 못하지만 어떤 아이는 그때 이미 단어를 자유자재로 구사한다. 발달에 따른 개인차는 환경이 서로 다른 아이들에게서 생길 수 있지만 같은 형제간에도 생길 수 있다. 아이의 장점을 생각하지 않고 단순히 다른 아이와 비교하며 키우면 스트레스를 많이 받을 수 있다. 아이의 기질과 개인차를 인정하고 아이의 타고난 기질 내에서 개성과 놀라운 가능성, 무궁무진한 잠재력이 최적의 발달을 이룰 수 있도록 노력해야 한다. 그것이 부모가 아이의 기질을 살피는 가장 중요한 이유다.

행복한 아이는
어떤 아이인가?

요즘 아이들이 '과연 행복한가?'라고 묻는다면 그렇지 않다고 생각된다. 행복 하면 떠오르는 단어가 있다면 무엇일까? 기쁨, 즐거움, 재미, 희망, 평온함, 만족스러움 등의 단어가 떠오를 것이다.

　현대사회는 인공지능 시대이고 다양한 경험을 할 수 있는 사회이지만 반면에 다른 사람과의 경쟁에서 잘해야 살아남을 수 있다고 생각하는 사람들이 많아졌다. 최근 5년간 세계 주요국의 행복 지수를 조사한 '세계 행복 보고서'(유엔지속가능발전해법네트워크, 2024)에서는 1인당 GDP, 사회적 지지, 건강 기대 수명, 삶의 자유, 관용, 부정부패 인식으로 행복 지수를 조사하였는데 한국은 143개국 가운데 52위였다. 기대 수명은 높지만 관용과 부정부패 수준은 보통, 사회적 지지와 삶의 방식을 선택할 자유는 최하위권이었다.

한국 사회의 경쟁과 비교 문화, 그리고 사회적 지원과 자유에 대한 낮은 만족도가 행복에 부정적 영향을 미치는 것이다.

더불어 세계적 심리학자 에드 디너Ed Diener는 월드풀이란 프로젝트를 통해 150개국의 행복 지수를 조사하였고, 한국인 3,500명도 조사 대상에 포함되었다. 프로젝트의 결과는 충격적이었는데, 한국은 소득 상위 40개국 중 39위를 차지할 정도로 행복 지수가 낮았다. 한국인들의 행복감이 낮은 이유는 무엇일까? 다른 사람과 비교하여 내가 행복하지 않다고 느끼기 때문이다. 행복은 주관적인 것이고 상대적인 것이다. 다른 사람이 나를 어떻게 생각하는지 너무 신경을 쓰고 항상 비교하고 경쟁하는 사회에 살다보니 내가 가진 것이 많아도 행복하게 느껴지지 않는 것이다.

행복한 아이로 키운다는 것은 무엇을 의미하는 것일까? 어른들이 보여주는 세계가 행복하지 않는데 아이들이 행복할 수 있을까? 행복幸福, happiness은 희망을 그리는 상태에서 좋은 감정을 느끼는 심리적인 상태 또는 자신이 원하는 욕구와 욕망이 충족되어 만족하거나 즐거움과 여유로움을 느끼는 상태, 불안감을 느끼지 않고 안심하는 것을 의미한다.

많은 사람들이 아이들을 행복하게 키우고 싶다고 말하지만 실상은 아이의 행복보다 사회적으로 남 보기에 번듯하게 성공한 사람으로 만들기 위해 전력 질주하고 있다. 특히 공부를 잘해야 성공할 수 있다는 생각은 여러 부작용을 낳는다. 먼저 아이가 공부에 흥미를 잃는다. 무엇보다 집중력이 떨어지고 산만해진다. 공부의 핵심은 집중력과 자신감에 있는데 말이다. 미래 인재의 핵심 역량은 창의성, 의사소통 능력, 문제 해결 능력, 인성, 협업 능력 등인데, 현재와 같은 반복적인 선행 학습으로는 그러한 아이를 키우기 어렵다. 이제 더 이상 부모가 생각하는 테두리에 아이를 가두고 일류 대학이라는 목표를 향해 달려가는 교육은 무의미하다.

'부모가 행복해야 아이가 행복하다'라는 말은 이미 널리 알려져 있다. 나는 임산부 및 영아기 부모 교육을 진행하면서 임신 시기부터 내가 양육을 잘할 수 있을까 걱정하고 많이 불안해하며 양육의 부담감을 느끼는 부모들을 많이 보았다. 자녀를 행복한 아이로 키우고 싶다면, 부모가 먼저 아이에게 행복한 모습을 보여주고 오늘의 삶에 만족하기, 남의 눈치를 보지 않기, 다른 사람의 탓을 하지 않기 등의 태도를 갖춰야 한다. 현재 생활에 만족한다는 것이 쉽지는 않지만 아이가 어렸을 때부터 불만스러운 상황이나 어떤 부정적인 일이 벌어진 상황, 의도치 못한 실수를 한 상황을 스스로 해결할 수 있도록 양육하는 것이 중요하다. 아무리 많은 것을 가지고 있어도 불만에 가득 차고 만족하지 않으면 행복하지 않고, 적게 가지고 있지만 내가 가지고 있는 것에 만족하면 행복을 느끼게 된다.

- 오늘 감사한 일에 대해 한 가지씩 생각해 보고 저녁에 가족 식사를 하면서 혹은 밤에 잠자기 전 한 가지씩 말해본다. 아주 사소한 일이지만 일상 속 작은 일들이 감사한 일로 다가올 수 있다.

- 아이의 출생부터 성장하는 과정, 생일 혹은 특별한 날을 사진으로 남기고 부모의 하고 싶은 이야기를 사진 아래에 적어 성인이 되었을 때 읽어준다.

- 아이에게 사랑한다는 표현을 자주 한다. 네가 우리 집에 태어나서 우리 가족이 얼마나 행복한지 말로 표현하고 알려준다.

- 아이에게 급하게 빨리빨리 하도록 요구하지 않고 아이가 천천히 생각하고 천천히 하고 싶은 일을 찾도록 노력한다.

- 아이가 좋아하는 일, 좋아하는 놀이, 좋아하는 친구들을 생각하면서 무엇을 할 때 가장 아이가 행복한지 생각해 본다.

- 주말에 친구들을 초대하여 함께할 수 있는 놀이를 준비한다. 보드게임이나 공으로 하는 게임, 기억력 게임 등을 하면서 친구들과 함께하는 시간을 마련하고 아이가 원하는 경우 파자마 파티를 해본다.

- 가족여행을 가거나 캠핑 활동을 하면서 새로운 경험을 해본다.

- 다른 사람과 비교하지 않고 아이의 성향을 파악하며 있는 그대로를 받아들인다.

죄책감에 빠진
부모들에게

아이를 기르면서 부모들은 쉽게 죄책감에 빠지곤 한다. '아이에게 잘해주지 못해서', '직장 때문에 아이와 시간을 많이 보내지 못해서', '경제적으로 풍족하게 해주지 못해서', '부부 사이가 좋지 못해서', '학원이나 과외 공부를 많이 시켜주지 못해서' 등 그 이유도 다양하다.

특히 부모들은 경제적으로 풍족하지 못해서 아이가 원하는 것을 들어주지 못할 때 그리고 아이와 많은 시간을 보내지 못할 때 죄책감을 많이 느낀다. 그러나 그것보다 중요한 것은 부모가 아이와 질적으로 상호작용하고 사랑을 잘 전하고 있는가이다.

미국에서 공부할 때 이민 온 부부들의 자녀 교육에 대해 연구한 적이 있었다. 그들은 자녀들을 미국 사회에서 성공시키기 위해 정말 밤낮없이 일하고 또 일했다. 그러나 정작 그들이 일을 하느라 집을 비운 사이, 자녀들은 하루 종일 방치되어 있는 상태였다. 아이 혼자 집에 있다가 불장난으로 화재가 나기도 했다.

아이와 부모 관계에서 질적 상호작용의 중요성은 '엄마의 취업 상태에 따른 영유아기 자녀 발달'에 대한 연구에서도 드러난다. 영유아기 자녀를 둔 워킹맘과 전업주부를 대상으로 실시한 연구에서, 두 집단 간에 영유아기 자녀의 발달의 차이는 발견되지 않았다. 다만 엄마의 취업 상태에 관계없이 자녀와의 질적인 상호작용의 정도가 자녀의 발달에 더 많은 영향을 주고 있음이 드러났다. 단순하게 하루 종일 자녀와 시간을 보내는 것보다 짧더라도 얼마나 자녀와 함께 질적으로 상호작용을 하느냐가 더 중요하다. 하지만 이를 모르는 대부분의 맞벌이 부모가 자녀와 충분한 시간을 보내지 못하는 데 대해 죄책감을 가졌다. 그래서 외식이나 사교육 등 물질적인 보상으로 이를 만회하려고 한다. 그러나 정작 아이에게 필요한 것은 양적인 시간이 아니라 부모와 질적으로 교감하는 시간이다. 이러한 사례들은 자녀 교육에서 부모와 아이의 관계가 얼마나 중요한지 보여준다.

특히 유아기 자녀와 부모의 관계 형성은 아이가 성장하는 데 아주 중요한 영향을 미친다. 훌륭한 부모의 역할은 아이의 조력자이자 지원자 그리고 인생의 안내자로서 아이를 도와주고 이끌어주는 것이다. 부모는 전문가에게 아이의 교육을 맡기고 그저 보조 역할에 머무르려고 해서는 안 된다. 내 아이를 가장 잘 아는 사람은 그 누구도 아닌 바로 부모 자신이라는 확신을 갖고, 아이의 미래를 함께 그려나가는 세심한 동반자가 되어야 한다. 그러므로 쓸데없는 죄책감으로 부모 자신과 아이를 괴롭히기보다 짧은 시간이라도 질적으로 교감하고 아이에게 관심을 갖는 것이 가장 중요하다는 것을 절대 잊지 말아야 한다.

자녀 교육에 성공하는
부모들의 열 가지 공통점

요즘 아이 기르기에 지쳤다는 부모들이 늘고 있다. 내가 자주 듣는 말 중의 하나가 아이를 정말 잘 기르고 싶은데 정작 아이는 점점 버릇없고 말 안 듣는 아이가 되어간다는 것이다. 왜 이런 일이 일어나는 걸까? 아래 질문을 참고로 지금 자신이 아이를 어떻게 대하고 있는지 잘 생각해 봤으면 한다.

• '하지 말라'는 말을 형식적으로 되풀이하고 있지 않은가?

예를 들어 아이가 음식점에서 마구 뛰어다니는 상황에서 그저 '하지 말라'는 말만 반복하고 있지는 않은가? 부모가 말할 때는 아이가 잠시 가만히 있는 것 같지만, 잠시 후면 이내 아이는 같은 행동을, 부모는 또 '하지 말라'는 말을 되풀이할 뿐이다. 이런 모습은 부모가 아이의 행동을 통제하지 못하는 상황이다.

• 아이와 그저 친구가 되려고만 하지는 않은가?

아이와 친구가 되는 것은 좋은 일이다. 그러나 부모와 자식은 동등한 관계가 아니다. 아이에게는 지켜야 할 규율이 필요하고, 부모는 규율을 제시할 수 있어야 한다.

• 아이가 크면 뭐든지 잘할 수 있으리라 믿고 있지는 않은가?

아이가 자신의 행동을 조절하고 기본 생활습관을 기르는 일은 2세부터 이미 시작된다. 이때부터 바로잡지 않으면 나중에 성장해서도 고치기 어렵다.

만약 위 세 가지 질문에 대한 답이 모두 '예'라면 부모는 지칠 수밖에 없다. 부모는 자녀의 행동을 세심하게 바라보면서, 규율과 원칙을 제시할 수 있어야 한다. 이것이 부모의 권위를 지키는 효율적인 방법이다.

그렇다면 아이를 잘 키우기 위해 생각해야 할 것들은 무엇일까? 오래전 몇몇 교수들과 함께 '아아 세상'이라는 블로그를 운영한 적이 있다. 그곳에서 엄마들에게 가장 많은 관심을 받았던 내용을 소개한다.

••• 자녀 교육에 성공하는 부모들의 열 가지 공통점

① 아이를 많이 안아준다. 스킨십과 공감 능력을 키울 수 있다.
② 결과보다는 노력에 칭찬을 많이 한다. 칭찬은 고래보다 아이에게 더 효과적이다.
③ 아이가 할 수 있는 일은 스스로 하도록 놓아둔다. 아이가 스스로 할 수 있는 일, 스스로 해야 할 일을 대신해 주는 행동은 아이를 망가뜨리는 지름길이다.
④ 아이와 대화를 많이 한다. 자녀와 대화를 나눌 수 없을 만큼 바쁜 부모는 세상에 없다.
⑤ 책을 많이 읽어준다. 엄마의 무릎에서, 또는 침대에서 책 읽어주는 소리를 들으며 자란 아이들이 성공한다.
⑥ 아이의 질문에 꼭 대답한다. 똑똑한 아이일수록 어려서부터 질문이 많다. 지혜로운 부모는 아이의 질문을 무시하지 않는다.
⑦ 아이와 여행을 많이 한다. 많은 사람들이 성공하는 인생의 조건으로 여행, 독서, 친구를 꼽는다. 여행은 아이가 잘 성장할 수 있는 비옥한 토양과 같다. 그러나 주의할 점이 있다. 여행은 무언가를 억지로 가르치기 위한 계기가 아니라, 많은 것을 보고 느낄 수 있는 기회가 되어야 한다.
⑧ 자녀의 자립심을 길러준다. 의존심은 나약하고 자신감이 부족한 아이로 만든다.
⑨ 어릴 때 지나치게 많은 것을 요구하지 않는다. 부모의 욕심에 따라 여러 학원을 전전하는 것은 아이를 산만하게 만들 뿐이다.
⑩ 많이 놀고 친구를 많이 사귀게 한다. 친구들과의 놀이를 통해 평생의 자산이 될 사회성과 리더십을 기를 수 있다.

4장

뇌 발달에 따른
적기교육

뇌는 부모의 스킨십을 가장 좋아한다

뇌는 유아기에 80퍼센트 이상 발달한다고 알려져 있습니다. 그 시기를 놓치지 않기 위해 어린 자녀에게 한글과 영어, 숫자를 가르치는 조기교육을 선택한 부모들이 많습니다. 그러나 놀랍게도 이 시기에 뇌를 자극하는 가장 확실한 방법은 부모의 스킨십이며 그다음은 충분한 수면과 영양입니다. 뇌에 대해 부모가 알아야 할 것은 뇌의 복잡한 구조나 기능이 아닙니다. 아이의 뇌는 엄마의 스킨십을 가장 좋아한다는 사실 하나로도 충분합니다.

아이의 뇌는
부모의 사랑으로 발달한다

"나를 닮았으면 머리가 좋았을 텐데, 아무래도 애는 당신 머리를 닮은 거 같아."

"무슨 소리야. 나도 아이큐 높아!"

자녀를 키우는 부모라면 한번쯤 나눠봤을 이야기일 것이다. 이처럼 일반적으로 아이의 지능이 부모로부터 대물림된다고 생각하는 경향이 크다. 그런데 1960년대에 교육학자들이 인간의 인지 능력이 환경의 영향을 받으며 발달한다는 사실을 밝혀냈다. 이 사실은 지능이 유전적 요인으로 결정된다고 생각했던 과거의 이론과 큰 차이가 있었다. 지능은 살아가면서 학습과 노력으로 개발할 수 있다는 결과였다. 한발 더 나아가 아이의 지능 발달과 학업 성취도가 학교교육보다는 부모의 영향이 크다는 사실도 밝혀냈다. 예를 들어 아이의 호기심이나 행동에 대해 부모가 얼마나 적절하게 반응하고, 자극을 줄 수 있는 환경을 마련해 주느냐에 따라 아이들의 인지 발달 수준이 달라진다는 것이다.

위에서 밝혀진 두 가지 연구 결과는 부모의 양육관과 태도가 얼마나 중요한지 대변해 주기에 충분하다. 자녀가 반드시 부모로부터 지능을 물려받지는 않지만, 부모의 양육 태도에 따라 자녀의 지능과 학교 성적에 큰 차이가 난다는 연구 결과는 조기교육을 부추겨 여러 부작용을 낳았다. 그렇다면 부작용 없이 아이의 지능을 개발하기 위해 부모는 어떤 노력을 해야 할까?

정서 발달이 지능 발달을 촉진한다

오랫동안 심리학자들은 아이들의 지능 발달과 정서 발달은 별개라고 믿었다. 그런데 뇌 과학 분야가 발달하고 아이들의 정서가 뇌 발달에 미치는 놀라운 효과들이 하나둘 밝혀지고 있다. 이제는 아이의 정서가 지능 발달의 중요한 요인이라고 믿게 되었다. 정서적으로 문제가 있는 영유아들의 치료와 방향을 제시한, 이 분야의 세계적인 권위자 스탠리 그린스펀Stanley Greenspan 박사는 저서 『정신의 성장과 지능의 기원』에서 "정신의 고차원적 기능의 기원은 아이의 정서이며, 아이의 미묘한 정서적 변화는 유아기의 지적 발달 각

단계에 필수적이다"라는 연구 결과를 발표했다. 더 나아가 뇌 과학이 발달하면서 기억과 감정이 밀접한 관계가 있을 뿐만 아니라, 인지 지능과 마찬가지로 정서 지능 역시 뇌의 구조와 관련이 있음이 밝혀졌다.

자녀가 지능이 높고 똑똑하며 행복하길 원한다면 지능에만 눈을 돌릴 것이 아니라 전인적인 발달에 관심을 기울여야 한다. 그중에서도 정서적인 안정감과 감정의 발달이 부모가 그토록 소원하는 아이의 지능 발달을 촉진시킨다.

특히 엄마와의 정서적 유대감은 정서 발달뿐 아니라 뇌 발달에도 중요한 역할을 한다. 유아기의 자녀에게 조기교육을 시작한다고 비디오를 과도하게 틀어주는 경우가 있는데, 오히려 아이에게 스트레스를 주어 뇌 속의 기억을 담당하는 해마를 위축시킬 수 있다. 이런 자극보다는 엄마와의 유대감 속에 일어나는 스킨십이 뇌에 좋은 자극제가 된다. 피부는 제2의 뇌라는 말이 있다. 스킨십을 통해 아기의 오감과 뇌 호르몬 분비, 뇌 발달을 촉진할 수 있다.

부모가 알아야 할
뇌 발달 메커니즘

과학에 의해 밝혀진 뇌 발달 메커니즘에서 부모들이 반드시 알아야 할 것이 있다. 바로 시냅스의 형성 과정이다. 뇌의 신경세포는 각각 조금씩 떨어져 간격을 유지한다. 이렇게 떨어져 있는 신경세포들을 연결하는 부분이 '시냅스'이다. 1천 개에서 1만 개 정도까지 되는 시냅스는 수많은 신경세포들이 서로 정보를 교환하는 곳이 되어주어 유아의 뇌 발달에 커다란 영향을 미친다. 정자와 난자가 만나 자궁에서 수정이 되면, 그로부터 7주째부터 시냅스가 생기고 신경세포들이 서로 연결된다. 이후 시냅스의 수는 생후 2년까지 초당 1,800만 개 정도로 급속하게 불어난다. 4~5세 아이의 시냅스 수는 어른 시냅스 수의 두 배에 이를 정도로 많다. 반면 신경세포의 수는 태어날 때나 어른이 되었을 때나 별반 차이가 없다.

그런데 시냅스의 수는 4~5세 때부터 점점 줄기 시작해 16세 무렵이 되면 처음의 절반 수준이 되어 그 수를 유지한다. 시냅스가 많으면 많을수록 좋은데 왜 우리의 뇌는 일정한 시기가 되면 오히려 줄이는 작업을 할까? 여기에는 놀라운 자연의 섭리가 숨어 있다. 인간의 뇌는 효율적이고 빠른 정보 전달을 위해 잘 쓰는 부분의 시냅스는 늘리고 잘 쓰지 않는 부분의 시냅스는 과감하게 지워 버린다. 이를 가지치기pruning라고 부른다. 즉 아기들은 뇌 발달에서 자주 사용하는 시냅스는 강화하고 사용하지 않는 것들은 없애버린다는 것이다. 유아기 적기교육의 과학성을 이 대목에서 확인할 수 있다.

영유아기의 발달에 알맞지 않는 과잉 자극이나 편중된 한 가지 측면의 자극은 뇌 발달에 장애를 불러올 수 있다. 뇌의 시냅스가 골고루 자극을 받아 전체적으로 발달해야 하는데 어려서 영어 비디오를 많이 보거나 선행 학습으로 찌든 아이들의 경우는 어느 한 가지 기능만 강제로 사용되기 때문이다. 잘 사용하지 않는 시냅스가 지워지면 이런 기능을 되살리기란 무척 어려운 일이다.

뇌 발달에도
적기교육이 있다

영유아들은 눈에 보이는 모든 물체를 입으로 맛보고 냄새 맡고 만지작거리고 소리를 듣는다. 이 귀여운 아기들이 머릿속으로 무슨 생각을 할까, 한번쯤 궁금했을 것이다. 그래서 2세 정도 아이들의 머릿속에서 생각하고 있는 것들을 표현해 보았다. 보통은 아이들의 머릿속이 그저 단순할 거라고 생각하지만 사실은 놀라울 정도로 다양하고 복잡하다. 정서, 언어, 사

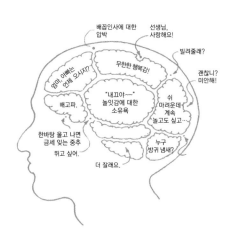

회성, 인지와 관계된 기능들이 동시다발적으로 움직인다.

　인간은 350그램의 뇌를 갖고 태어나서 생후 1년 만에 무려 1천 그램에 도달할 정도로 급성장한다. 또한 앞에서 살펴본 것처럼 태어나서 1개월 만에 시냅스가 무려 20배 정도 늘어나고 2세에 최고치에 달한다. 그러나 이후부터 가지치기가 시작되어 16세 무렵에는 최초 시냅스의 절반만 남게 된다. 바로 이런 점 때문에 부모들이 2세 전후에 다양한 학습을 시켜 뇌를 자극해 줘야 한다고 굳게 믿는다. 그러나 아이들의 뇌는 단계별로 적절한 교육을 받아야 정상적으로 성장할 수 있다. 즉 적절한 자극을 뇌에 주면 기능 발달에 도움이 되지만, 자극을 과도하게 장기적으로 주면 뇌 기능이 손상된다. 국내 뇌의학 권위자인 서유헌 박사는 마치 가느다란 전선에 과하게 전류를 흘려보내면 과부하 때문에 불이 나는 것처럼, 시냅스 회로가 형성 중인 유아에게 과도하게 조기교육을 시키면 뇌에 불이나 여러 부작용이 예상된다고 지적한다.

　뇌는 뇌간, 변연계, 대뇌피질로 구성되어 있고, 변연계는 정서를 유발하고 정서 기억을 처리하는 기능을 한다. 미국의 심리학자 로스 톰슨Ross A. Thompson과 신경과학자 찰스 넬슨Charles A. Nelson의 뇌 발달 과정을 밝힌 연구에서는 가장 먼저 발달하는 것이 감각 운동 영역이며, 그다음으로 공간과 언어 영역을 담당하는 두정엽, 측두엽이 발달하고 이후 2~4세까지는 감성과 사고 영역을 담당하는 전두엽의 발달이 활발해진다고 했다.

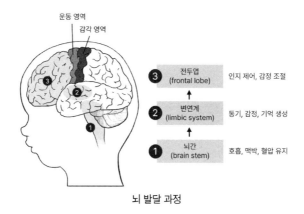

뇌 발달 과정

• 0~2세: 오감 발달기

뇌의 신경세포들을 연결하는 시냅스가 가장 왕성하게 형성되는 시기이다. 기초가 잘 형성되기 위해서는 전뇌가 고루 발달하도록 다양한 자극을 주는 것이 좋다. 이 시기의 영아들은 손에 물체가 잡히면 입으로 가져가는 특징이 있다. 모든 물체를 다섯 가지 감각으로 확인하느라 입으로 빨고, 맛보고, 만지고 소리를 듣는데, 이 행동이 뇌 발달에 매우 효과적이다. 아기들은 책이나 장난감, 심지어 입고 있는 옷까지 입으로 빨아서 맛을 본다.

물체 탐색과 더불어 정서적 안정감이 형성되는 것도 이 시기다. 특히 엄마 그리고 자신을 돌봐주는 사람과의 기본적인 신뢰감과 안정적 애착 형성이 아주 중요하다.

엄마에게서 떨어지기 싫어하고 낯선 상황을 경계하는 태도는 애착 과정에서 당연히 나타나는 행동이며, 이러한 과정을 통하여 점차 엄마와의 애착이 안정되게 형성된다. 심리학자 메리 애인스워드Mary Ainsworth는 이것을 가리켜 '모의 안전기지 효과Secure Base Effect'라고 표현한다. 즉 엄마와의 충분한 애착 관계 형성이 불안을 경감시키고 아이의 놀이 활동을 증가시켜 환경을 탐색할 수 있는 능력을 갖게 해준다. 반대로 부모와의 안정된 애착 관계가 형성되지 않을 경우, 아이는 적절한 발달 및 학습이 이루어지기 어렵다는 이론이다. 이렇듯 2세까지의 애착 경험은 우뇌(감정의 뇌)의 성장에 직접 영향을 미친다.

• 2~4세: 자아가 형성되는 시기

머리 앞쪽의 전두엽과 변연계가 발달하는 시기이다. 종합적인 사고와 도덕성이 집중적으로 발달하므로 바른 생활 습관을 갖도록 도와주어야 한다. 일생을 통틀어 감각적인 뇌가 가장 발달하는 시기이므로 보고, 듣고, 만지는 체험을 다양하게 해주는 것이 좋다. 달리 표현하면 보고, 듣고, 만지지 않는 교육은 효과가 없으므로 암기 위주의 글자 공부를 시키는 것은 의미가 없다.

부모와의 안정된 정서 관계를 기초로 점차 또래 관계를 통한 발달이 이루어지기 시작한다. 함께 그네 타기, 미끄럼틀 타기, 뛰기, 달리기 등의 운동을 하면서 대근육도 발달하고, 기초적인 미술 활동이나 블록 등의 장난감을 조립하면서 소근육도 발달한다. 이러한 대·소근육 운동은 운동 기능의 발달뿐 아니라 아이가 또래와의 사회적 관계를 이루는 데 중요한 역할을 한다. 특히 자신에 대한 자아 개념이 형성돼 자기 고집이 강해지고 "안 해", "미워", "싫어" 등의 말로 자아를 강하게 드러낸다. 또 친구와 함께 놀고 있는 것 같아도 사실은 각자 혼자 놀이하는 행동이 관찰된다. 이러한 모습이 큰 문제는 아니고 이 시기의 특징이라고 볼 수 있다.

• 4~6세: 창의력이 왕성해지는 시기

전두엽과 우뇌가 발달하면서 창의력과 사고 발달의 기초가 이루어지고 정서 발달이 안정되는 시기이다. 대화를 통해 타인의 감정이나 정서와 관련된 이야기를 나눌 수 있게 된다.

"네가 친구를 때리면 그 아이 기분이 어떨까?"

"엄마가 너를 혼내면 네 기분이 어때?"

상황에 따른 정서적 반응에 대해 대화가 가능해진다. 부모가 일관되지 못한 양육이나 원칙 없이 기분에 따라 자녀를 대하면, 아이의 정서 조절력과 언어적 표현에 제약을 가져올 수 있다. 창의력이 왕성하게 발달하는 시기로, 획일적인 생각이나 학습은 창의력 발달에 장애를 가져올 수 있다.

일찍 미술 학원 등에 다닌 아이의 그림은 소재와 패턴이 무척 획일적이다. 주로 집을 그리고 그 옆에 나무 혹은 사람을 그린다. 하늘에는 태양을, 땅에는 풀을 그린다. 아마 그런 그림을 부모가 원하는 것으로 생각하는 것 같다. 그래서 이때 아이와 함께 그림이나 특정 주제를 가지고 이야기를 나누는 경험은 아이의 창의력과 사고 발달에 도움이 된다.

"너는 비바람이 불 때 하늘이 어떻게 변하는지 본 적이 있니?"

"그런데 왜 네 그림은 항상 하늘이 파랗고 햇님이 있지?"

"겨울에는 잔디밭이 어떻게 될까?"

질문을 통해 아이가 그림을 그릴 때 다각도로 생각하도록 유도한다. 그리고 자신이 완성한 그림이나 장면을 보며 소개하도록 시켜본다. 보기에 단순한 그림인데 아이의 설명이 아주 길 때가 있다. 이는 아주 좋은 반응이므로 따뜻한 말로 격려해 준다.

"어떻게 그런 생각을 했니? 대단하구나!"

"엄마는 미처 몰랐는데 네 이야기를 듣고 보니 이 그림 속에 정말 그런 장면이 있네."

아이는 한 장의 그림을 그렸지만 사실은 자기가 경험한 모든 이야기를 모두 표현하고 싶기 때문이다.

이 시기에 강조하면 좋은 아이의 행동은 다음과 같다.

1. 구체적이며 다양한 경험을 통해서 생각하는 힘을 키운다.
2. 또래와의 관계 형성을 도와주고 놀이를 통한 흥미로운 활동에 빠져들게 한다.
3. 예절 교육, 도덕 교육의 기초를 다질 수 있게 한다.
4. 단순 반복 학습, 선행 학습은 전두엽을 퇴화시킬 수 있으므

로 연령에 맞는 놀잇감을 이용해 창의성을 발달시킨다.

• 7~12세: 언어가 발달하는 시기

좌뇌, 그중에서도 두정엽과 측두엽이 빠르게 발달한다. 특히 6~7세는 언어를 담당하는 좌반구의 측두엽이 발달하는 시기로, 아이가 한글에 재미를 붙이면 어휘력과 문장 이해력이 눈에 띄게 높아진다. 두정엽은 감각 피질로서 공간 인식, 주의 집중을 담당하는 하위 부위들로 구성되어 있다. 따라서 이 부위가 발달하는 7세 무렵은 수학이나 과학을 배우기에 적기이다.

아이들은 점차 뇌의 구조가 복잡해지고 뇌 영역 간의 정보 처리 속도도 빨라진다. 유아기부터 뇌 기능의 통합과 연결을 통해 사고가 발달하고, 초등학교 고학년이 되면 개념을 다루는 능력이 향상되면서 추상적인 논리를 펼 수 있게 된다.

서로 다른 뇌의 특성 이해하기

국내 연구에 의하면 남성의 뇌와 여성의 뇌는 다르다고 한다. 남성의 뇌는 체계화된 뇌로 여성에 비해 논리적인 부분이 많고 성취 지향적이다. 조직적이고 체계적인 자극으로 아이와 대화하거나 훈육할 때 더 논리적이라고 한다. 반면 여성의 뇌는 공감하는 뇌로 감성적이며 공감적인 자극에 더 잘 반응한다. 따라서 아이들의 감정을 이해하는 데 강점을 보인다고 한다.

하지만 사람의 성격이 다르듯이 남성과 여성을 구분 짓기보다는 서로 다른 뇌의 특성을 이해하는 것이 필요하다. 사람에 따라 체계성이 강한 뇌를 가질 수 있고 공감 능력이 강한 뇌를 가질 수 있는데 이는 양육을 하면서도 다르게 나타날 수 있다. 예를 들면 자녀가 넘어지거나 다쳤을 때 체계성이 강한 뇌를 가진 부모는 "왜 넘어졌을까? 얼마나 다쳤을까?"라고 말하지만 공감 능력이 강한 뇌를 가진 부모는 "얼마나 아플까? 울음을 어떻게 달래야 할까?"라고 생각한다.

자녀와 놀이를 하면서도 다른 양상을 보일 수 있다. 체계성이 강한 뇌를 가진 부모는 퍼즐놀이, 보드게임, 카드게임이나 규칙이 있는 신체놀이를 더 좋아하고, 공감 능력이 강한 뇌를 가진 부모는 소꿉놀이, 역할놀이, 그림책 읽어주기 등을 더 좋아한다. 따라서 엄마와 아빠는 나와 다른 상대방의 양육 행동이 잘못되었다고 비난하기보다는 서로 인정해 준다. 자녀를 키우는 데 서로 잘할 수 있는 장점을 인정하고 내가 더 잘할 수 있는 것을 해주는 것이 필요하다. 아빠가 엄마보다 요리를 잘한다면 저녁 식사를 아빠가 차리는 동안 어머니가 아이와 바깥 놀이터에서 놀이를 하거나 놀잇감으로 놀이를 해주는 것도 방법이 될 수 있다.

아이의 뇌 발달에
영향을 미치는 것은 무엇일까?

아이의 뇌 발달은 유전과 환경에 의해 영향을 받는다. 그렇다면 영유아기에 뇌 발달이 잘 이뤄지도록 하는 방법에는 무엇이 있을까? 공부를 많이 하거나 지속적이고 반복적으로 암기를 한다고 창의성이 발달하지 않는 것과 같이 뇌를 너무 자극하거나 너무 방치하는 것은 뇌 발달에 긍정적인 영향을 주지 않는다. 뇌 발달에 영향을 미치는 중요한 요인은 스트레스, 애착, 영양과 수면 등이 있다.

아이가 영유아기 때부터 너무 많은 스트레스를 받으면 인지 및 사회성 발달에 중요한 영향을 받는다. 영국 워윅대학의 심리학과 디터 울케Dieter Wolke 교수의 연구에 의하면, 임신 중 산모가 스트레스나 우울을 겪으면 태어난 아이의 성장에 영향을 미쳐 사회성이 부족하게 돼 학교에서 따돌림이나 괴롭힘을 당할 가능성이 높아지는 것으로 나타났다. 또한 미국 미네소타대학 아동발달연구소의 메건 군나르Megan Gunnar 박사에 따르면, 아이가 울거나 칭얼거림으로 불편을 나타낼 때 양육자가 민감하게 반응하면 스트레스를 조절할 수 있는 호르몬이 나오지만 그렇지 않고 반복적으로 스트레스를 받으면 이후 아이는 쉽게 불안을 느끼는 성격을 가지게 될 우려가 있다.

우리는 세상을 살아가면서 스트레스를 받지 않을 수 없다. 스트레스에는 긍정적 스트레스와 부정적 스트레스가 있는데 부정적 스트레스에 지속적으로 노출되면 아이의 정신 건강에 부정적인 영향을 준다. 하지만 스트레스를 받았을 때 부모가 아이의 감정을 읽어주고 주의를 기울이고 민감하게 반응해 주면 아이들은 편안함을 느끼고 정서적 안정감을 갖게 된다.

아이의 뇌 발달을 위해서는 영양가 있는 음식 섭취와 충분한 수면이 꼭 필요하다. 최근 워킹맘이 많아지고 외식 문화가 발달하면서 아이들이 아침밥을 거르거나 배달 음식을 자주 먹고 외식을 많이 하는 등 식문화가 많이 바뀌고 있다. 예전에 부모님들은 아이가 잘 먹고 잘 자고 잘 싸면 건강하다고 이야기하셨다. 그렇다면 지금 아이들은 잘 먹고 잘 자는 습관을 가지고 있을까? 쉬워 보이는 기본적인 양육 방법이지만 바쁜 일상을 보내는 현대의 부모들에게는 그렇게 쉽지 않은 것 같다.

뇌 발달 관련 연구에서는 탄수화물이 풍부한 아침식사는 아이들의 인지 활동에 필요한 에너지를 공급하며, 과일과 야채에 많이 들어 있는 비타민과 미네랄은 학습과 기억, 지능 발달에 필수적인 영양소라고 밝히고 있다. 또한 유제품과 잎채소, 생선에 포함된 단백질, 충분한 수분 섭취는 뇌 발달을 촉진하는 중요한 영양소이다. 이에 부모들은 아이들에게 아침 식사를 챙겨주고, 식사 시간에는 가족들이 함께 대화를 나누며 식사하는 습관을 기르도록 해주는 것이 좋다.

수면 또한 아기 성장을 도와주는 필수적인 요소이다. 우리나라에서는 아이들이 밤늦게 마트를 가거나 부모와 TV를 보면서 늦게 자는 아이들을 종종 본다. 하지만 미국이나 유럽 등에서는 저녁 9시가 되면 정해진 시간에 잠자리에 들게 하고 잠자는 환경을 마련해준다. '잠이 보약이다'라는 말이 있듯이 실제로 잠을 자는 10시~2시 사이에 성장호르몬이 분비되므로 아이가 일찍 잠들 수 있도록 해준다.

수면은 낮 동안 아이들이 경험하였던 것을 복습하게 한다. 잠은 낮 동안 피곤했던 신체를 쉬게 할 뿐 아니라 뇌 발달을 촉진해 주기 때문에 충분한 수면시간을 주고 규칙적으로 정해진 시간에 자도록 해주어야 한다.

전문가들은 영유아기의 적절한 수면 시간은 다음과 같이 제안하고 있다.

① 신생아: 16~20시간   ② 영아(1세 미만): 14~15시간

③ 1~3세: 12시간   ④ 3~6세: 11~12시간

⑤ 6~12세: 10~11시간   ⑥ 12세 이상: 7~9시간 이상

  잠을 자지 못하는 아이들에게는 잠자기 전 목욕을 하게 하거나 음악을 틀어주고 부모가 잠들 때까지 함께 있으면서 이야기를 들려주는 것과 같이 여러 가지 방법을 시도해 보는 것은 어떨까?

땀 흘리는 운동이
뇌를 깨어나게 한다

유아기 뇌 발달을 위해 부모는 어떤 노력을 해야 할까? 나는 날씨에 상관없이 아이를 바깥에서 실컷 뛰어 놀게 하라고 말하고 싶다. 성장 과정에 있는 유아들에게는 특히 바깥에서 햇빛을 쐬며 몸을 움직이는 활동이 매우 중요하다. 에너지를 마음껏 발산하면 신체 발달이 왕성해질 뿐만 아니라 실컷 뛰어놀고 나면 집중력과 기억력이 좋아지면서 전두엽이 활성화된다. 또한 자외선은 우리 몸에 비타민 D를 만들어주고 면역력을 높여준다.

최근 5년간 초등학생의 비만율을 보면 2017년 9.1퍼센트, 2018년 10.2퍼센트로 10명 중 1명꼴로 비만이었는데, 2021년에는 5명 중 1명이 비만으로 나타나 5년 사이 두 배가 되었다. 또한 서울 시내 중학교 30곳, 2,265명을 조사한 결과에서도 2019년 15.5퍼센트에서 2021년 19.4퍼센트로 중학생의 비만율도 3.9퍼센트가 상승한 것으로 나타났다. 이와 같은 학생들의 비만율 증가 추세는 식습관 변화, 미디어 사용 시간 증가, 신체 활동 감소의 영향으로 더욱 가속화되고 있다. 학교에서 체육 활동 시간을 늘려 비만율이 증가하지 않도록 하는 것이 바람직하지만, 오히려 입시를 위해 오랫동안 앉아서 공부하는 시간이 점차 늘고 있다.

이와 반대로 매일 아침 체육 활동을 하는 고등학교도 있다. 미국의 대다수 고등학교와 우리나라 민족사관고등학교는 0교시에 격렬한 운동으로 땀을 빼고 1교시 수업에 들어간다. 0교시 수업의 목적은 격렬한 운동을 통해서 학생들의 두뇌를 깨어 있는 상태로 만드는 것이다. 학생들은 아침 운동 후 기분이 좋아지는 것은 물론 수업 시간에 읽기 능력이 눈에 띄게 향상되었다.

미국의 캔자스시티에 있는 우드랜드초등학교는 일주일에 한 번이던 체육 시간을 매일 45분씩 실시하였고, 수업 내용 역시 유산소 운동에 초점을 두었다. 그 결과 1년이 지났을 때 학생들의 건강 상태가 크게 개선되었고 학교 폭력 사건이 없어졌다고 한다.

어릴 때부터 규칙적으로 운동을 한 아이는 어른이 되어서도 운동을 계속할 가능성이 높다. 야외 운동을 꾸준하게 하면 세라토닌, 노르에피네린, 도파민과 같은 신경전달물질의 분비가 많이 늘어난다. 이러한 신경전달물질은 사고와 감정에 중요한 역할을 하게 된다. 즉 운동을 할 때 생성되는 단백질이 혈류를 타고 뇌에 들어가 뇌 발달을 촉진한다는 사실도 알 수 있었다.

운동을 하면 학습 능력은 향상되고 스트레스는 줄어든다

하버드 의대의 존 레이티John J. Ratey 교수는 『운동화 신은 뇌』라는 책에서 학교 수업 시작 전 0교시에 운동을 한 학생들은 학업 성취도가 올라가고 스트레스가 감소하였다고 이야기하였다. 운동이 학생들의 뇌를 깨어 있는 상태로 만들어줘 학습 능력이 향상됐다는 것이다. 곧 운동이 뇌를 활성화한다는 얘기다.

그런데 한국의 학교교육은 운동 시간을 줄여 뇌 성장을 방해하고 있다. 현재 우리나라 초중고교의 운동 시간은 매우 적다. 한 조사 결과에 따르면, 학교 체육 시간에 땀 흘리며 운동하는 시간은 학년이 올라갈수록 적어지고, 고등학생 절반은 일주일에 한 시간도 운동을 하지 않는 것으로 나타났다. 운동 부족은 학업 능력뿐 아니라 정신 건강에 부정적 영향을 미치고, 이는 우울증까지 유발할 수 있다.

최근에는 바깥 놀이터에서 뛰어노는 아이들도 많지 않다. 아이들의 신체적 움직임이 부족하고, 이전보다 체격은 커졌지만 체질, 체력 등 건강 상태는 약해졌다는 인식하에 우리나라에서는 유치원이나 어린이집에서 적어도 한 시간 이상의 바깥놀이를 권하고 있다. 하지만 실질적으로 그렇게 하고 있는지는 의문이다.

뇌 발달 전문가들은 매일 40분 동안 땀을 흘리는 운동을 해야 뇌가 자극되고 아이들의 집중력과 창의력이 증가한다고 이야기한다. 부모들도 아이들과 함께 주말에 시간을 내어 바깥 놀이터도 가고 햇볕을 쬐면서 산책하는 것이 필요하다.

겨울에도 반바지 차림으로 뛰어노는 세계의 아이들

건강한 몸이 건강한 정신을 만든다는 것은 이제 일반적인 상식이 되었다. 그런데 특히 운동과 성적의 관계를 연구한 흥미로운 발표가 있었다. 뇌 과학을 일상에 적용하는 데이비드 월시David Walsh 박사는 매일 20~40분씩 활발한 운동과 놀이를 하는 어린이가 학업 내용을 더 잘 조직하고 결과도 좋아진다고 밝혔다. 특히 뇌 활동이 활발하게 일어나는 유소년기에는 운동 기능과 정서 발달, 공간 인식, 창의성과 관련된 전두엽과 두정엽, 측두엽이 발달한다. 때문에 신체를 이용한 놀이 활동이 적극적으로 이루어져야 한다고 강조한다.

실제로 세계 여러 나라가 유아기 신체 활동의 중요성을 강조하며 이를 교육 현장에 적극 도입하고 있다. 핀란드에서는 눈이 오는 날에도 반드시 30분 이상 바깥놀이를 한다. 바깥놀이와 운동을 습관으로 만들어주기 위해 유아기부터 아이와 함께 매일 공원에 가고 시간을 정해서 날씨에 상관없이 바깥놀이를 하는 것이다.

일본의 교육 역시 야외에서의 신체 활동을 중요하게 생각하고 실천한다. 일본의 유치원에서도 바깥놀이를 많이 한다. 그뿐 아니라 한겨울에도 항상 반바지 차림의 맨 다리에 무릎까지 오는 양말을 신겨 아이들을 추위에 강하게 훈련시킨다.

영국도 마찬가지다. 나의 언니는 영국에서 세 자녀를 키웠다. 그런데 영국 역시 추운 겨울에도 아이들을 반바지 차림으로 등교하는 것을 원칙으로 했다. 몹시 추운 어느 겨울날 나의 언니는 아이들이 감기에 걸릴까 걱정이 되어서 담임선생님에게 특별히 부탁을 했다고 한다.

"동양에서는 아이들의 하체를 따뜻하게 하는 것이 전통입니다. 오늘 하루 만큼은 긴바지를 입혀 보내면 안 되겠는지요?"

담임선생님은 한동안 생각을 하더니 이렇게 대답했다.

"그럼 학교 정문 앞까지 긴바지를 입고 와서 학교에 들어올 때는 반바지로 갈아입고 들어오는 것이 좋겠어요."

이런 이야기를 들을 때마다 나는 우리가 아이들을 온실의 화초처럼 키우는 것은 아닌가란 생각을 하곤 한다.

뇌 발달을 위해
엄마가 꼭 해야 할 일

••• 정서적인 안정감을 유지한다

뇌는 정서적으로 안정되고 엄마에게서 충분한 사랑을 받았을 때 잘 발달한다. 많은 연구에서 학습에 관계되는 인지 능력과 감정을 느끼는 정서가 서로 연계되어 있다는 사실이 밝혀지고 있다. 다시 말해서 정서적 유대 관계를 통한 지적 능력의 학습이 효율적이라는 것이다.

유아에게 가장 중요한 감정 및 상태는 '엄마에게 충분히 사랑받고 있다'는 마음이다. 엄마와 따뜻한 관계를 맺으며 서로 즐겁게 웃고 이야기하는 동안 아이의 뇌는 건강하게 발달한다. 엄마가 불안해하거나 '아이 키우는 게 왜 이렇게 힘들지?'라고 생각하여 스트레스를 받으면 그 느낌이 아이에게 고스란히 전달된다.

그러므로 엄마 역시 아이와 함께하는 순간순간을 즐겨야 한다. 그러면 아이도 '엄마가 나를 많이 사랑하는구나'라는 감정을 느끼면서 정서적으로 안정을 찾는다.

••• 충분한 스킨십을 나눈다

풍요로운 교육 환경이란 아이와 부모의 사랑과 행복이 담긴 환경, 긴밀한 상호작용을 의미한다. 안정적인 부모와의 상호작용이 비싼 장난감과 학습지보다 더한 가치를 이끌어낸다.

부모의 얼굴과 목소리만큼 좋은 장난감이 없다. 기저귀를 갈아줄 때, 목욕을 시켜줄 때 등 아이에게 따뜻한 말을 건네보자. 아이를 쓰다듬어주거나 안아주는 등의 신체 접촉은 아이에게 사랑받고 있음을 느끼게 하는 옥시토신 분비를 촉진한다. 목욕을 하면서 전신 마사지를 해주고 자주 안아주는 스킨십이 아이의 뇌 발달에 매우 좋다.

••• 오감을 통해 주변 세상과 자연을 충분히 느끼게 해준다

영아기에는 보고, 듣고, 만지고, 느끼고, 맛보는 오감을 통해 사물의 특성과 주변 세계에 대해 알아간다. 직접 만져서 느껴보는 경험은 아이에게 능동적인 학습 경험을 하게 하고, 긍정적인 관점에서 즐겁게 사물과 세계에 대해 터득하게 한다.

실내보다는 실외 공원 등 바깥으로 나가 아이들이 자연과 친숙해지는 기회를 갖게 한다. 이때 주변의 안전에 대해 충분히 점검한 다음 아이가 자연을 체험하고 자유롭게 탐색하도록 한다.

••• 자율성과 주도성, 자아 존중감이 발달하도록 도와준다

아이가 혼자 무엇인가 해보는 것은 뇌 발달에도 매우 중요하다. 유치원에 가기 위해 혼자 옷을 입고 신발을 신게 하거나, 밥을 먹은 후 자기가 먹은 그릇을 싱크대에 가져다 놓도록 하는 등 아이가 혼자서 무언가를 해보게 하고, 그것을 해냈을 때 격려해 준다.

••• 자기 조절 능력을 키워준다

아이들이 원하는 모든 일을 하면서 지낼 수는 없다. 기분이 나쁘지만 친구를 때리지 않고 참아야 할 때, 다른 사람들이 많은 공공장소에서는 뛰지 않아야 하는 것 등 해야 할 일과 하지 말아야 할 일들에 대해 알려준다. 전두엽의 발달을 위해 영유아 시기부터 자기 조절 능력을 키워주는 것이 중요하다.

5장

그림책을 통한
언어 교육

아이의 문해력 발달은 놀이와 소통을 통한
자연스러운 언어 체험에서 시작된다

그림책은 단순한 읽기 자료를 넘어 언어 능력과 정서 발달을
촉진하는 중요한 도구입니다. 그림책을 통한 언어 교육은 유
아기에 매우 중요한 역할을 합니다. 부모는 적극적인 참여와
지도로 모든 것이 처음인 아이가 그림책으로 세상에 첫발을
내딛고 배워 갈 수 있도록 가이드 역할을 해야 합니다. 아이
가 언어를 이해하고 감정을 느낄 수 있도록 그림책의 내용을
아이의 경험과 연결시키며, 아이가 스스로 이야기를 생각하
고 표현할 수 있는 기회를 제공해야 합니다.

부모가 알아야 할
유아기 언어 발달의 특징

유아기 언어 발달에서 중요한 것은 단순히 말을 잘하는 데 있지 않다. 말을 잘하더라도 자기 말만 쏟아내는 아이가 아니라 다른 사람의 말에 귀 기울이고 다른 의견도 받아들일 줄 아는 아이로 성장시키는 것이 중요하다. 다른 사람과 더불어 마음과 생각을 나누는 멋진 리더가 된 내 아이의 미래를 상상해 보자.

유아기의 언어 발달은 놀이와 소통을 통해 자연스럽게 이루어진다. 인지심리학자 레프 비고츠키Lev Vygotsky는 "아이들은 어른이나 또래와의 상호작용 가운데 언어 능력이 확장된다"고 했다. 교육학자 폴루 프레이리Poulo Freire도 언어적 상호작용을 강조하며 "진정한 대화를 통해 우리는 서로 배우며 성장한다"고 했다.

아이의 발달 단계에 맞는 적절한 상호작용을 하기 위해 부모가 꼭 알아야 할 영유아기 언어 발달의 특징들을 살펴보자.

• 첫째, 언어는 모방을 통해 시작된다

유아는 처음부터 언어를 스스로 만들어 하는 것이 아니라, 주변에서 듣고 본 것을 모방하며 언어를 배운다. 부모의 말투, 표현 방식, 심지어 비언어적 요소까지 아이의 언어 습득에 영향을 미친다. 따라서 부모는 일상에서 자주 아이와 대화하고, 풍부한 어휘를 사용해 다양한 상황에서 언어를 접하게 하는 것이 중요하다.

• 둘째, 발달에는 개인차가 있다

아이마다 언어 발달 속도는 다르다. 어떤 아이는 빠르게 말을 배우고, 어떤 아이는 천천히 배운다. 중요한 것은 남과 비교하거나 조바심을 낼 것이 아니라, 아이가 자신의 속도에 맞춰 언어를 학습할 수 있는 환경을 제공하는 것이다.

• 셋째, 반복을 통해 언어 규칙과 구조를 깨우친다

유아는 반복적인 경험을 통해 언어를 자기 것으로 만든다. 같은 단어나 문장 구조를 반복적으로 사용함으로써 언어 패턴을 익히고 일상 대화에서 자연스럽게 사용할 수 있게 된다.

• 넷째, 표정, 손짓, 몸짓 등의 비언어적 소통이 중요하다

처음에는 몸짓, 손짓, 표정으로 자신의 의사를 표현한다. 이러한 비언어적 소통에 대해 부모가 민감하게 반응하면서 언어로 설명해 주면, 아이는 자신의 생각을 점차 언어로 표현하게 된다.

• 다섯째, 실수를 통해 성장한다

언어 발달 초기에는 실수가 잦을 수 있지만, 부모가 아이의 시도에 대해 긍정적 피드백을 주면 아이는 자신감을 얻게 된다. 아이가 단어를 잘못 발음하거나 문장을 어색하게 구사하더라도, 부모는 이를 교정하기보다는 아이가 스스로 언어를 탐색하고 표현할 수 있도록 긍정적으로 격려해 주어야 한다.

• 여섯째, 상호작용하며 어휘력을 확장한다

유아기는 단순히 말을 따라 하는 시기를 넘어서, 상호작용을 통한 소통 능력이 발달하는 시기이다. 아이가 한 말에 대해 부모가 확장해서 반응해 주는 방식으로, 새로운 어휘와 문장 구조를 학습하게 해주어야 한다. 아이가 "차"라고 말하면 부모는 "맞아, 빨간 차가 있네!"라고 확장된 문장을 사용함으로써 아이의 언어 능력을 발전시킬 수 있다.

• 일곱째, 놀이가 언어 학습의 도구가 된다

유아는 놀이를 통해 자연스럽게 새로운 단어와 개념을 배운다. 역할놀이, 상상하기, 블록 쌓기 놀이를 하며 주변 세계를 접하고, 자기 경험을 말이나 글로 표현하게 된다. 인형 놀이를 하며 인형에게 말을 걸거나 인형이 하는 행동을 설명하는 과정에서 단어의 의미와 문장 구조를 익힌다. 부모가 아이의 언어 발달 과정을 눈여겨보고 놀이에 적극적으로 참여해 대화를 나누거나 놀이 상황을 설명해 주면, 아이의 언어 발달은 더욱 촉진된다. 무엇보다 중요한 것은 아이가 언어를 즐겁게 배우고 탐구할 수 있는 환경을 제공해 주는 것이다.

첫 번째 문해 교실,
언어의 씨앗을 심는 우리 집

아이가 처음으로 말을 시작하고 점점 더 복잡한 문장을 만들어 가는 과정은 신비롭고 감동적이다. 아이는 빠르게 물을 흡수하는 스펀지 같이 부모와 가족 구성원의 말과 행동을 모방하고 배우며 자란다.

마하트마 간디Mahatma Gandhi는 가정이 자녀의 첫 번째 학교이며, 부모는 자녀의 첫 교사라고 했다. 부모는 어떻게 하면 아이가 의사소통을 잘하는 사람으로 성장할 수 있을지 비법을 알고 싶어 한다. 답은 우리의 일상 속 소통에서 찾을 수 있다.

• 일상 대화를 통해 자연스럽게 정확한 듣기 경험을 쌓아주기
성장하며 세상을 배울 준비가 된 아이들에게 다양한 것을 보고 들

188

게 해주는 것은 어찌 보면 당연한 순서이다. 영유아기는 모국어의 기본 소리 단위(음소)를 변별하는 것을 학습하는 매우 중요한 시기이다. 듣기가 말하기보다 먼저 발달하므로 잘못된 듣기가 바탕이 되면 당연히 말하기도 어려워진다. 시각, 청각을 분리하기보다 오감을 동원해 사물의 이름을 익힐 수 있는 다양한 듣기 경험을 제공해 주면 폭발적으로 어휘 수가 증가한다.

엄마가 말하기의 모델이 되어주자. 이는 일방적인 수다쟁이가 되는 것과는 다르다. 엄마의 수다는 아이가 말을 듣고, 그 말을 따라 할 수 있도록 만드는 데 목적이 있다. 다채로운 표현력을 기르고 싶은 마음에 지나치게 많은 어휘를 사용하며 앞서갈 필요는 없다. 아이가 상대방이 하는 말을 정확히 듣고 따라 할 수 있도록 속도 조절이 필요하다. '곰', '공', '콩'과 같이 비슷한 소리를 들려주고 자연스럽게 따라 하도록 만든다.

• 다양한 어휘를 접하게 하기

아이가 말을 잘하기 위해서는 풍부한 어휘가 필요하다. 일상 대화 속에서 자주 사용되는 기본 어휘뿐 아니라, 다양한 그림책을 통해 새로운 단어를 접하고 익히는 것이 중요하다. 그림책을 읽을 때 새로 나온 단어를 자연스럽게 알려주고, 그 단어를 어떻게 사용하는지 설명해 준다. "'모험'이라는 말은 새로운 경험을 하러 떠나는 거야. 우리도 주말에 모험을 떠나볼까?"처럼 단어를 실제 상황과 연결해 아이가 더 쉽게 이해할 수 있도록 해보자.

어휘 이해력과 표현력을 길러주기 위해서는 꾸준한 책 읽기 환경을 마련해주는게 무엇보다 중요하다. 잠들기 전 외에도 하루 중 그림책 읽기 시간을 정해 아이가 편안하게 책에 몰입하고 즐거워할 수 있는 분위기를 만들어준다. 혼자서 글자 읽기가 가능해도 혼자 읽게 내버려두지 않는다.

・완성된 문장 형태로 반응하고, 대화를 이끄는 질문하기

질문의 답이 '예, 아니오'로 끝나지 않고, 대화를 이끌어갈 수 있는 질문을 자주 하도록 한다. 아이가 "우유"라고 말하면, "엄마, 우유 주세요, 하는 거지", "○○가 우유 먹고 싶었구나", "우유 줄게. 맛있게 마셔", "우유 많이 마시면 키도 많이 클 수 있어요"처럼 덧붙인 표현을 해주는 것이 좋다. 말을 덧붙인다 해서 너무 많은 정보를 주어서는 안 된다. 정확하게 기본 완성 문장을 말할 수 있도록 돕는 정도면 된다.

그림책을 읽을 때도 단순히 읽는 것이 아니라 이야기의 주제와 사건, 주인공 등에 대해 질문하고 아이의 반응을 보며 대화를 이어간다. 그림책 주인공의 마음이 어떨지, 이야기의 순서나 결말이 어떻게 될지 등을 묻는다. 아이가 단답식 대답으로 그치지 않고 다양한 어휘와 문장을 사용하여 대답할 수 있도록 유도하면 언어 발달에 매우 도움이 된다.

• 아이 스스로 말하기를 기다려주기

목이 마를 무렵 엄마가 먼저 알아서 물을 먹이는 것이 아니라 아이가 "물" 하고 말하기를 기다려보자. 표정이나 몸짓보다 말로 표현했을 때 원하는 것을 더 빨리 얻을 수 있다는 것을 알아차리면 말이라는 도구를 더 적극적으로 사용하게 된다.

아이가 언어적으로 성숙해 가는 데에는 시간이 걸리기 때문에 부모가 인내심을 가지고 기다려주어야 한다.

• 실수를 통해 배워가도록 하기

말하기를 배울 때, 부모의 반응은 아이의 언어 발달과 자신감에 큰 영향을 미친다. 아이가 말을 하다가 실수를 할 때, 부모가 이를 자연스럽게 받아들이고, 교정보다는 격려와 칭찬을 먼저 해주는 것이 중요하다.

잘못된 단어를 사용하거나 문법적으로 틀렸을 때, 즉시 비판하거나 지적하기보다는 올바른 표현을 알려주는 방식으로 교정하는 것이 좋다. "물을 삼키고 싶어요"라고 하면 "물을 마시고 싶구나!" 하면 된다. 급하게 교정하려 들지 말고 아이가 실수를 두려워하지 않고 자신감을 가지고 말할 수 있도록 말할 기회를 많이 주도록 한다. 실수를 배움의 기회로 인정하고 포용해 줄 때 두려움 없이 다양한 시도를 할 수 있다는 것은 누구나 알고 있는 사실이다. 이는 말을 배울 때에도 적용된다.

• 다양한 놀이 경험을 제공해주기

블록이나 퍼즐, 인형, 자연물 등을 가지고 일상생활과 관련된 상상 놀이나 역할놀이를 하면서 자연스럽게 새로운 어휘와 문장을 접할 수 있다. 리듬감 있는 동요나 동시 등 아이들이 따라 부를 수 있는 노래를 함께 듣고 부르고, 그리기나 만들기 등 조형 활동을 제공하는 것은 아이의 언어 발달에 의미 있는 차이를 가져다준다.

대화할 줄 아는
아이로 키워라

유아기 언어 발달과 지도 방법에 대해 부모 교육을 하다 보면 "또래보다 말이 늦다", "발음이 엉망이다", "표현하는 어휘 수가 또래보다 훨씬 적은데 언어 검사를 해야 할지 고민이다" 등 엄마들의 걱정과 질문들을 접하게 된다.

아이들은 보통 3세 정도가 되면 300~1,000여 개의 어휘를 사용할 수 있다. 발음은 서툴고 엉성하며 말 실력도 천차만별이다. 정확한 의사소통은 4세가량 지나야 가능하다. 만일 3세 전후까지 말이 늦거나 서툴다면 우선 아이의 듣는 능력을 살펴봐야 한다. 흔히 말귀를 알아듣는다고 하는데 친구나 어른들의 말을 알아듣고 적절한 반응을 한다면 큰 걱정을 안 해도 된다. 그러나 특정 발음을 초등학교 입학 때까지 못하거나 또래와의 소통에 어려움이 크다면 일단 언어 발달 검사를 받는 것도 좋다.

유아기 언어 발달의 목적은 어휘력과 소통 능력의 기초를 세우는 것이다. 아이가 가정에서 익힌 어휘력과 소통 능력은 기관에 다니기 시작하면서 사회생활과 학습 능력, 성격 발달에까지 영향을 미친다. 말이 늦어 의사 전달이 잘 안 되면 욕구불만이 생기게 되고, 친구 관계가 부실해지거나 공격성이나 신경질적 성향으로 표출될 수도 있다.

아이들은 마음이 편할 때, 자기가 존중받는다고 느낄 때 다른 사람의 말을 잘 듣고 자신의 감정을 말로 잘 표현한다. 그렇지 않으면 떼를 쓰는 것으로 자기표현을 한다. 떼를 쓰는 것이 아닌 말로 자기 의사를 잘 표현하는 아이로 성장시키려면, 부모는 아이를 존중하면서 말의 재료를 풍부하게 제공해 주어야 한다.

말의 재료는 특별한 것이 아니다. 뇌와 발성 기관이 성장해 말을 배울 시기가 왔을 때 부모가 아이에게 보고 듣게 해준 모든 것이 말의 재료가 된다. 오감을 동원해 주변에 있는 사물의 이름을 알려주고 기분이나 느낌을 표현할 다양한 단어를 친절하게 알려주어 아이가 그 말들을 자연스럽게 따라 할 수 있도록 해야 한다. 아이가 이렇게 습득한 어휘를 사용해 소통하는 데 재미를 느끼면 이때부터는 어휘 수가 폭발적으로 늘어나게 된다.

아이가 말이 서툴고 말의 의미를 정확히 알지 못하는 것은 당연하다. 아이는 세상에 태어나 귀를 연 지 고작 몇 년 되지 않았으며 뇌는 지금 한창 발달하는 중이다. 아이가 또래들보다 말이 늦다고 스트레스를 받기보다 상냥한 언어 교사처럼, 적당히 수다스러운 연인처럼 애정을 다해 아이와 대화를 나누자. 풍부한 어휘를 사용하여 말하고, 아이가 말을 할 때면 귀 기울여 듣자. 아이가 부적절한 어휘를 쓰거나 부정확한 발음을 할 때면, 부모가 적절한 어휘나 정확한 발음을 하는 문장으로 반응해서 아이가 하려고 한 말이 맞는지 확인하는 방식으로 교정을 하고, 다음 이야기로 부드럽게 대화를 이어나가야 한다. 자칫 교정하는 데만 신경을 써서 대화가 끊기면, 아이가 자기표현을 하는 데 자신감을 잃고 대화의 즐거움을 느끼지 못할 수 있기 때문이다.

평생 다른 사람과 더불어 살아가야 하기에 마음과 생각을 나누는 소통 능력은 무엇보다 중요하다. 자기의 생각과 마음을 말로 잘 표현하고, 다른 사람의 말에 귀 기울이고 받아들일 줄 아는 아이, 대화할 줄 아이로 키워야 한다.

하이컨셉의 시대에도
그림책은 힘이 세다

미래학자인 다니엘 핑크Daniel Pink는 『새로운 미래가 온다』라는 저서에서 미래는 개념과 감성이 강조되는 하이컨셉-하이터치high concept-high touch의 시대로 갈 것이라고 했다. 이와 함께 미래형 인재의 여섯 가지 조건을 제안했다. 하이컨셉-하이터치 시대의 핵심 능력인 '디자인', 경계를 넘나드는 창의성의 원천인 '조화', 디자인의 필수 요소인 '공감', 호모 루덴스의 진화를 증명하는 '놀이', 우리를 살아 있게 만드는 원동력인 '의미', 인간을 움직이게 하는 제3의 감성인 '스토리'가 바로 미래형 인재가 갖춰야 할 조건들이다.

그림책은 다니엘 핑크가 제시한 조건들을 만족하는 인재를 키우는 데 매우 유용하다. 그림책 함께 읽기의 가치를 뇌 발달이나 교육 효과와 연결시킨 연구들을 보면, 그림책 읽기를 통해 지식의 습득뿐 아니라 미래 사회에서 요구하는 창의력, 타인과 소통하며 협력하는 능력을 자연스럽게 기를 수 있다고 한다. 그림책은 단순한 읽기 자료를 넘어 감정 인식과 공감 능력, 상상력 등 미래형 인재에게 요구되는 역량을 길러준다.

유아가 그림책을 본다는 것은 고도의 지적 작업이자 감성적 작업이다. 눈으로 그림을 보고 귀로 이야기를 들으며 계속 진행되는 이야기를 따라가야 하기 때문이다. 그림책을 읽는 동안 아이는 서사에 몰입하는 집중력, 아름다운 그림을 보며 이해를 넓히는 상상력, 등장인물에 대한 공감 능력을 발휘해야 한다. 블록 놀이나 인형 놀이와는 다른 차원의 인지적 작용이 그림책을 읽는 동안 뇌속에서 일어나는 것이다. 그림책은 좌뇌, 우뇌의 기능을 동시에 발달시켜 똑똑하고 자기 인식과 사회·정서 지능이 높은 아이로 길러준다.

많은 부모들이 그림책이 가진 힘을 알지만, 종이책인 그림책보다 디지털 기기로 보는 콘텐츠에 익숙한 것이 사실이다. 디지털 기기는 생생한 그래픽, 화려한 색, 소리와 음악으로 오감을 자극한다. 터치 몇 번으로 다양한 콘텐츠에 쉽게 접근하고 빠르게 보상받는 느낌을 주어 빠져들게 만든다. 강렬한 시청각적 자극과 즉각적인 보상, 몰입형 환경으로 설계되어 종이책보다 재미있다. 즉각적인 반응과 상호작용을 즐기는 아이들에게 책은 상호작용을 스스로 만들어내야 하는 고단한 매체이다. 그래서 처음부터 책을 좋아하는 아이는 없다. 책을 좋아하는 아이로 기르기 위해서는 아이를 책 세상으로 초대해야 한다.

요즘은 많은 책들이 전자책으로 출간되고 있다. 하지만 이런 현실 속에서도 종이책은 굳건하게 출간되고 있으며, 앞으로도 결코 사라지지 않을 것이다. 종이책은 화면으로 활자를 볼 때보다 시각적 혼란이 적어 책을 읽는 동안 온전히 책에 집중하게 해준다. 특히 어린아이들은 자신만의 속도로 책장을 넘기면서 내용도 더 잘 기억하게 된다. 또한 종이책은 형태와 무게, 질감, 냄새 등의 물성이 주는 경험을 선사할 뿐만 아니라 부모와 함께 종이책을 들고 읽었던 감정적 경험까지 더해져 깊이 있는 독서의 맛을 느끼게 해준다. 책장에 꽂힌 많은 책들은 성취감과 소유의 뿌듯함도 느끼게 해준다.

아동문학가인 엘리자베스 버드Elizabeth Bird는 "그림책은 아이들이 세상과의 첫 소통을 시작하게 도와주는 문"이라고 했다. 그림책이 언어를 배우고 감정과 사회 규범을 이해하는 첫 번째 도구가 되어 아이들에게 세상과 연결되는 기회를 제공해 준다는 것이다. 유명 그림책 작가인 닥터 수스Dr. Seuss는 "아이들이 책을 읽으면 생각이 커지고, 더 많이 알면 더 많은 곳에 갈 수 있다"고 했다. 어릴 때부터 뛰어난 문장을 듣고 읽으며 자란 아이는 말에 대한 감각이 세련되어지고 그 말이 열어주는 세상을 편히 누릴 수 있다. 아동문학 박사인 버니스 컬리넌Bernice Cullinan은 문학에 기초한 언어 학습을 강조하면서, 유아기 동안 읽은 문학성 있는 그림책의 언어는 우리 몸의 심장처럼 사람이 한평생 쓰는 언어의 중요한 근간이 된다고 했다. 그만큼 그림책 읽기는 중요하다.

아이가 책을 사랑하게 만드는 방법

아이가 어떤 주제와 사물에 관심과 흥미를 보일 때 관련된 그림책을 함께 찾고 읽어보는 것이 책을 사랑하게 만드는 첫 단추이다.

그림책은 대개 앞뒤 표지, 앞뒤 면지, 속표지와 내용으로 구성되어 있다. 먼저 표지의 서지 정보를 읽고, 앞뒤 표지의 그림이 연결되어 있다면 펼쳐서 읽기를 시작한다. 그림책 중에는 면지와 속표지에 이야기의 단서가 있기도 하니 빼놓지 말고 천천히 책장을 넘기는 것이 좋다.

그림책의 이야기는 보통 기승전결로 전개되는데, 가끔 글자 없이 그림으로만 전개되기도 한다. 글 없는 그림책은 느낌대로 읽어가면 된다. 마치 회화 작품을 대하듯 그림에 숨어 있는 단서를 해독하면서 각자 해석하면 된다. 일상적으로 느낌을 나누는 대화처럼 말이다.

평론가 데이비드 러셀David Russell은 그림책을 '글과 그림의 행복한 결혼'이라고 비유했다. 그림책은 글과 그림으로 전체적인 의미를 구성하는 도서 장르로 하나의 교향곡과도 같다. 각 악기들이 소리의 어울림으로 아름다운 음악을 만들어내듯 그림책을 구성하는 각 요소들이 어우러져 통합적인 의미를 만들어낸다. 앞표지를 펼치는 순간부터 뒤표지를 덮을 때까지 같이 그림책을 보고, 아이와 함께 그림책을 읽은 소감을 나누도록 하자.

아이가 글자의 의미와 그림의 코드를 알고 좋아하게 되면 손을 잡고 도서관이나 서점에 가보자. 아이에게 권하고 싶은 책을 한 권 고르고 아이에게도 한 권 고르게 해준다. 어떤 책을 고르든 아이가 자기 손으로 책을 고르고 갖는 경험이 중요하다.

전면 책꽂이나 아이의 생활 공간에 책 놓아두기, 책을 사랑하는 사람의 모습 보여주기, 책이 많거나 책을 읽는 공간에 데려가기, 책에 대한 궁금증을 질문하기, 책과 즐겁게 상호작용하는 다양한 경험(소리, 냄새, 색, 모양 등) 즐기기 등으로 책을 접할 기회를 가능한 많이 만들어주어야 한다.

좋은 그림책은
어떻게 고를까?

일반적으로 좋은 그림책의 기준은 아이의 언어와 이해, 사고 발달 수준이나 관심사에 적합한지에 있다. 아이의 흥미를 끄는 이야기로 판타지적 요소가 상상력을 자극하고 풍부하게 해주는 책, 도덕적 교훈을 주나 직접적인 지시나 훈계로 주입하지 않는 책, 희노애락의 다양한 정서적 경험을 주는 책, 글과 그림이 조화를 이뤄 시각적 매력이 뛰어난 책, 글과 그림이 서로 의미를 보완해 그림만으로도 이야기를 이해할 수 있는 책, 독서 후 역할놀이나 미술 등 창의적인 활동으로 연계 확장이 가능한 책 등이 좋은 그림책이다. 또한, 과장된 어린이스러움이나 과잉보호, 편 가르기가 없는 이야기, 어린이답게 자기 삶을 개척하는 이야기를 선택하는 것이 좋고, 다양한 성별, 인종, 문화, 조건, 기후변화와 환경보호를 다룬 그림책

등 주제를 가리지 않고 다양하게 읽히는 것이 필요하다.

유아기에는 이야기를 돋보이게 하는 뛰어난 그림이 있고, 다양하고 독특한 언어 경험을 주며, 문학적으로 인정받는 이야기가 있는 그림책을 가능한 한 많이 접하는 것이 좋다. 부모는 문학성과 예술성, 교육적인 요소들이 조화를 이루는 좋은 그림책을 골라 아이에게 읽어줄 수 있어야 한다.

내 아이만의 그림책 플레이리스트를 만들자

유명 IT 기업을 다니다 육아 휴직 중이던 한 엄마의 넋두리가 생각난다. 자신은 아이를 먹이고, 재우고, 씻기고, 놀아주는 것만으로도 허덕이는데, 옆집은 아이 책꽂이에 책이 즐비하게 꽂혀 있고, 아이 엄마는 아이에게 연령별로 읽혀야 할 책 리스트를 줄줄이 꿰고 읊어 죄책감을 느꼈다고 한다. 많은 엄마들이 그럴 것이다. 좋은 책의 기준을 알아도 막상 내 아이에게 읽어줄 그림책을 골라야 하면, 다른 부모들이 많이 읽히는 책 목록에 신경 쓰게 된다. 하지만 그러지 말자. 옆집 아이는 옆집 아이일 뿐이다.

내 아이가 볼 그림책은 내 아이가 관심을 보이고 흥미로워하는 그림책이면 충분하다. 부모가 예술성과 문학성이 우수한 그림책을 골라 내 아이만을 위한 그림책 플레이리스트를 만들어가면 될 일이다.

유아기에 많은 권수의 책을 읽혀야 한다는 강박도 떨쳐야 한다. 부모와 아이가 같이 그림책을 보면서 멋진 상상과 말랑말랑해진 마음을 주고받을 수 있다면 굳이 많은 권수의 책을 읽기 위해 애쓰지 않아도 괜찮다. 한 권이라도 마음에 드는 책에 푹 빠지는 경험을 하는 것이 중요하다. 이를 통해 책을 읽는 게 굉장히 즐거운 경험이라는 생각을 하게 되고 당연히 책을 좋아하게 된다. 부모가 연령별로 읽혀야 할 책 리스트를 따르기 위해 숙제하듯 책을 읽으면, 그 시간이 아이와 부모 모두에게 부담스럽게 된다. 책은 대화의 도구이고 즐기는 것이다. 책 읽는 시간을 즐거운 경험을 쌓는 시간으로 만들자.

그래도 어떤 책이 좋은 그림책인지 묻는다면, 한스 크리스티안 안데르센상, 케이트 그린어웨이상, 아스트리드 린드그렌상, 칼데콧상, 볼로냐 라가치상 등 저명한 상을 받은 작품이나 유명 작가의 작품을 선택하면 실패가 없다고 말해주고 싶다. 수상작은 문학성과 예술성이 증명된 책이며, 유명 작가의 작품은 세계 독자들이 인정하는 작품이라는 뜻이기 때문이다.

그림책,
왜 '함께 읽기'일까?

그림책 작가 앤서니 브라운은 "그림책은 엄마가 읽어주는 소리를 아이가 듣는 것이 아니라 함께 읽는 것"이라고 말한다. 또 "책을 읽어줄 때, 읽는 그 자체보다 아이의 말을 귀담아 들어주는 것이 중요하다"고도 말했다. 단순히 글자만 또박또박 '읽어주는' 것이 아니라 그림책을 읽어가는 동안 장면마다 글과 그림을 자세히 살펴보고, 자유롭게 느끼고 공감하며, 떠오르는 생각과 질문들을 자연스럽게 나누는 '함께 읽기'가 중요하다는 뜻이다.

전문가들은 아이가 글을 해독하고 독립적인 읽기가 가능해진 시기라 해도 부모가 아이와 함께 대화하고 공감하며 책을 읽을 것을 권한다. 미국 아동발달학회 연구에 따르면, 그림책을 함께 읽는 부모와 자녀는 더 강한 정서적 유대감을 형성한다. 아이는 책을 읽는 동안 부모의 반응을 살핀다. 자기와 같이 웃거나 슬퍼하는 부모를 보면서 안정된 애착을 형성하고, 자신이 느끼는 감정을 긍정적으로 받아들이게 된다. 이는 아이의 사회성 발달에 긍정적인 영향을 미친다. 책을 함께 읽으며 아이가 자기 생각과 느낌을 표현하도록 대화를 이끌어주면 아이들은 더 깊이 있는 사고와 감정적 성장을 하게 된다.

아이가 글자를 읽을 줄 알게 되면, 종종 부모는 아이가 혼자 책을 읽기를 기대한다. 잠자리 독서에 점점 소홀해지고, 힘든 하루를 보낸 날이면 책을 읽어달라는 아이의 부탁에 지친 기색을 보이기도 한다. 하지만 아이는 하루종일 그 시간을 기다렸을 수도 있다. 많은 시간을 내지 못하더라도 책을 읽을 때 만큼은 온전히 아이와 함께 책을 읽는 데 집중하는 것이 좋다. 아이에게 중요한 것은 시간의 길이가 아니라 부모와 함께 즐겁게 책을 읽는 경험이기 때문이다.

하루 중 시간을 정해서 책을 읽도록 하자. 정해진 시간에 시곗바늘이 가면, 책 속에 있는 근사한 비밀의 문을 열어 아이를 초대하고 책을 통해 부모와 아이가 하나가 되는 것이다. 아이는 부모와 함께 새로운 세계를 탐험하는 그림책 경험 속에서 생각과 마음이 자라면서 점차 어른이 되어간다. 부모도 함축적이고 아름다운 그림책 세계를 경험하면서 잠깐이라도 감응력을 되살릴 수 있다. 삶에 대한 더 깊은 이해와 공감으로 진짜 어른으로서의 성장과 회복의 기회를 갖는 것이다.

부모가 아이와 함께 읽는 그림책에 공감하고 풍부한 감정 표현을 하면, 아이는 부모의 진심을 느낀다. 아이에게는 그림책을 통해 부모와 감정을 나누고 대화하는 것이 중요하다는 것을 마음에 새겨두고 매일 실천하자. "나는 지혜롭고 다정한 '그림책 육아맘'이야" 하고 말이다.

그림책 함께 읽기의 전략,
대화적 읽기

메타 인지의 발달, 자기 주도적 학습을 강조하는 교육 전문가와 뇌 발달 연구자들은 그림책을 통한 학습 효과를 강조한다. 특히 그림책에서 이끌어낸 질문을 통해 영유아의 어휘력과 언어 능력, 지능, 유창성·융통성·창의적 발상·문제 해결 능력 등의 사고력을 효과적으로 키울 수 있다고 한다. 그렇다면, 어떻게 그림책을 읽어주어야 학습 효과가 있을까?

아동심리학자 그로버 화이트허스트Graver J. Whitehurst와 크리스토퍼 로니간Christopher J. Lonigan은 가정에서 그림책으로 할 수 있는 가장 올바른 독서 지도 전략으로 '대화적 읽기'를 강조한다. 그림책의 그림과 이야기를 중심으로, 부모가 아이의 사고력을 촉진하는 질문을 던지고 아이가 답을 하는 대화를 하며 언어적 상호작용을 활발히 하는 것이다.

대화적 읽기를 할 때 부모는 아이가 글과 그림을 따라가며 재미
와 즐거움을 경험하도록 해주며, 읽는 동안 떠오르는 감정과 생각
을 묻는 질문을 통해 아이와 자연스럽게 대화를 이어가야 한다. 대
화적 읽기 전략에 어떤 순서가 있는 것은 아니지만 아이와 함께 그
림책을 읽으며 즐거운 대화를 시작하고 이어지게 만드는 데는 요
령이 필요하다. 대화적 읽기를 수월하게 만들어주는 발문의 요소
인 'PEER'와 'CROWD'를 기억해 두자.

• PEER

P(Prompt): 대화의 시작점 찾기

E(Evaluate): 아이의 말에 즉각 반응해 주기

E(Expand): 아이의 말을 확장하여 표현해 주기

R(Repeat): 대화에서 얻은 것을 배움으로 연결하도록 반복하기

• CROWD

C(Completion): 완성형의 문장으로 말해주기

R(Recall): 이야기의 흐름과 사건들을 회상하도록 질문하기

O(Open-ended Questions): 개방적 질문하기

W(Wh Questions): '언제, 어디서, 누가, 무엇을, 어떻게, 왜' 질문하기

D(Distancing): 책 내용과 관련된 실제 경험을 연관 짓도록 질문하기

그림책을 잘 읽어줘야 한다는 데 부담을 느끼는 부모들을 본다. 성우처럼 실감 나는 어조로, 배우처럼 다양한 표정과 몸짓으로 재미있게 할 자신이 없다고 푸념한다. 하지만 아이에게는 사랑하는 부모와 책을 함께 보고 느끼고 생각을 나누는 것만큼 재미있는 놀이가 없다.

그림책을 읽어줄 때는 글만 읽는 것이 아니라 그림도 보며 정확한 발음, 일상적인 톤의 또랑또랑한 목소리로 아이가 책에 충분히 빠져들도록 천천히 읽는다. 부모의 목소리가 이야기에 생명력을 불어넣어 줄 것이다.

또, 반복해서 읽어주는 것이 좋다. 반복해서 읽으면 이야기를 더 잘 이해하게 되고 상상력이 확장된다. 독서 전문가들은 유아기에 여러 권을 읽는 것보다 한 권의 책을 여러 번 읽는 것이 중요하다고 강조한다. 그림책의 힘은 반복해서 읽어줄 때 더 커진다.

무릎에 앉히거나 나란히 앉아 책을 보는 등 책을 읽는 동안 아이가 엄마의 체온과 목소리를 느낄 수 있도록 한다. 따스한 분위기 속에서 아이는 부모의 체온과 눈빛, 목소리, 울림을 기억하고 정서적 안정과 유대감을 느낀다. 비언어적인 소통은 아이에게 자신이 부모로부터 관심과 사랑을 받고 있다는 확신을 갖게 해준다.

PEER/CROWD 활용 질문

작가 모리스 샌닥의 『괴물들이 사는 나라』로 PEER/CROWD 전략을 활용해 보자. 먼저 표지의 제목과 그림들을 천천히 살펴보며 아이와 대화를 나눈다.

P: 괴물이 눈을 감고 무슨 생각을 하고 있을까?

E: 응. 자고 있어.

E: 괴물이 숲에 앉아 잠을 자고 있는 모습이라고 생각했구나.

R: 작가는 로댕의 생각하는 사람을 떠올리며 괴물의 모습을 그렸대.

C: 괴물이 숲에 앉아 혼자서 자고 있어.

R: 주인공 맥스가 괴물 나라 왕을 그만두기로 했을 때 생각나니?

O: 괴물들이 으르렁대고 무서운 발톱을 세워 보였더니 호통을 쳤네.
   너가 맥스라면 어떻게 할 거야?

W: 맥스가 다시 방으로 돌아오니 따뜻한 밥이 있네.
   누가 가져다 놨을까?

D: 무서운 소리로 으르렁대고 이빨을 부드득 갈고 눈알을 뒤룩대고
   무서운 발톱을 세워 보인 괴물들 흉내를 내볼까?

발달 영역별
그림책 함께 읽기

생각하는 방식에
초점을 맞추자

수학적 감수성과 사고력을 길러주는
그림책 함께 읽기

이야기와 그림을 통해 아이들이 수학적 개념을 쉽게 접하고 흥미를 느낄 수 있다. 반복되거나 규칙적인 그림에서 숫자나 모양 패턴을 발견하고, 이야기를 추론하는 동안 수리적·논리적 사고를 경험한다. 등장인물들이 길을 찾거나 방향을 따라가는 이야기나 여러 각도에서 본 사물의 모양, 위치 변화 등을 표현한 그림을 보며 공간 관계를 이해한다.

아이가 쉽게 공감하는 일상 이야기 속에서 양이나 패턴, 수와 숫자, 시간, 측정 등의 개념을 자연스럽게 풀어낸 그림책을 선택하도록 한다. 아이는 본능적으로 주변 세계의 사물과 현상에 대해 호기심을 품으며 질문을 한다. 그림책의 글과 그림을 보며 아이가 스스로 질문하고 생각할 수 있도록 도와주자.

이야기 속에 간단한 수량 비교나 더하기, 빼기와 같은 기본 연산을 하는 내용이 있다면 같이 따라 해보거나 그림을 통해 크기, 길이, 양 등을 측정하고 서로의 특성을 비교하거나 예측해 보는 것도 좋다. 중요한 것은 단순한 연산이나 측정 방법이 아니라 '생각하는 방식'을 배우는 데 초점을 맞추는 것이다.

• 스스로 생각하며 문제 해결 과정에 참여하도록 질문하기

이야기 중간중간에 "다음에는 무슨 일이 일어날까?", "왜 이런 선택을 했을까?" 같은 질문을 던지면, 아이는 답을 찾는 과정에서 추론하고 예측하는 능력을 기른다.

• 다양하게 생각하도록 제안하기

등장인물의 성격을 비교하여 서로 다른 점과 비슷한 점을 찾아보고, 주인공과 다른 인물의 문제 해결 방식이 어떻게 다른지 생각해 보는 것은 분석적으로 사고하고 다양한 관점에서 생각하는 훈련이 된다. 또, 문제 상황에서 "다른 길로 갔다면?", "따라가지 않고 혼자 남았다면?"처럼 다른 전개를 상상해보면서 문제 해결 능력을 키울 수도 있다.

• 이야기를 재구성해 보기

읽고 나서 이야기의 순서를 재구성해 보게 한다. 자신만의 방식으로 이야기를 다시 구성해 보면서 논리적 사고가 발달한다.

・소감을 나누기

느낀 점이나 알게 된 점에 대한 소감을 나누는 대화는 자신의 사고
과정을 되돌아보게 하여 메타 인지 능력을 향상시켜 준다.

감정 공부
그림책 리스트

자기 감정을
이해한다는 것

감정 이해와 표현력, 조절력을 길러주는
그림책 함께 읽기

자신의 감정을 이해하고 조절하는 능력은 정서적 차원을 넘어 전인적 발달에 중요하다. 아이는 그림책 속 캐릭터와 자신을 동일시한다. 이때 감정을 솔직하게 표현할 수 있게 도와주고 따뜻한 공감과 지지를 해주면 자기 감정을 이해하고 스스로 조절하는 법을 배운다. 이를 통해 사회관계 속에서 발생하는 여러 복잡한 감정을 건강하게 다룰 수 있는 힘을 얻게 된다.

• 다양한 감정 이야기 읽기

그림책 속에서 기쁨, 슬픔, 화, 두려움, 실망 등 다양한 감정들을 표현하고 있는 캐릭터를 통해 아이는 자신이 느끼는 감정이 무엇인지 쉽게 알게 된다. 각 감정의 특징과 그 감정을 불러일으키는

215

상황을 짐작하고, 감정은 자연스러운 것임을 깨닫는다. 그림책을 읽을 때, 부모가 먼저 자신이 느낀 감정을 솔직하게 이야기해 주면 아이도 자연스럽게 자신이 느낀 감정을 표현하게 되고, 자기 감정을 긍정적으로 바라보고 자신감을 갖게 된다.

• 감정 표현하기, 조절하기 전략을 함께 찾아보기

등장인물들이 "속상해", "기뻐", " 무서워"라고 언어로 표현했던 감정을 아이에게 표정이나 행동으로 표현해 보게 한다. 반대로 그림으로 표현된 표정이나 행동을 언어로 표현해 보게 한다. 감정이 어떻게 행동으로 나타나는지 자연스럽게 알게 된다. 이야기 속에서 캐릭터가 화나 슬픔의 감정을 표현하거나 극복하는 방법을 보여주는 그림책은 아이들에게 효과적인 감정 조절법을 배울 기회를 선사한다. 이와 더불어 부모가 화를 조절하거나 슬픔을 다스리고 좌절을 극복하는 모습을 보이면, 아이가 감정을 안정적으로 다루는 방법을 배울 수 있다.

• 그림책으로 마음챙김mind-set과 휴식의 방법 배우기

그림책에도 격한 감정을 불러일으키는 장면이 있다. 또는 깊은 여운을 주거나 환호를 하게 하는 결말도 있다. 그런 그림책을 보고 나면, 잠시 쉬거나 깊은 숨을 쉬며 마음을 진정시키는 시간을 갖게 하는 등 마음챙김의 방법을 알려준다.

그림책에 담긴
사회성 모델링 보여주기

사회성을 길러주는 그림책 함께 읽기

그림책은 다른 사람과 상호작용하는 방법을 알려주고 사회적 상황에서 적절하게 행동하는 법을 익히도록 돕는다.

아이는 다양한 배경과 개성을 가진 인물들이 등장하는 이야기를 통해 사람은 저마다 다르다는 것을 이해하고 존중하는 법을 배운다. 친구들과 함께 문제를 해결하거나 협동하는 이야기를 통해서는 협력의 중요성을 자연스럽게 익힌다. 또 우정, 자신감과 책임감을 다루는 이야기를 읽으며 관계의 소중함, 바람직한 리더십과 책임감을 알게 된다.

친구 관계를 다루는 그림책에서 서로 오해하거나 다투는 장면을 보며 아이는 갈등이 생기는 과정을 이해한다. 그리고 이때 서로 대화를 나누고 화해하는 결말을 보며 갈등을 해결하는 방법은 대화이며 의사소통이 중요하다는 사실을 알게 된다. 그림책 속의 대화 장면은 긍정적으로 문제를 해결하는 의사소통의 기술을 배우게 해준다. 상대의 말을 경청하는 장면이나 차례로 말하는 인물들의 모습은 아이가 올바른 대화 습관을 형성하도록 돕는다.

• 다른 사람의 감정을 이해하도록 부모가 공감 모델링 해주기

그림책을 읽는 동안 부모가 인물의 상황을 짚으며 "새로 이사 온 동네에서 아직 낯선가 봐. 학교에 같이 갈 친구가 없어 슬퍼하네"처럼 등장인물이 처한 어려움을 이해하고, 감정을 존중하는 모습을 보여준다. 그러면 아이는 부모를 보며 자연스럽게 공감 연습을 한다.

• 감정 표현의 안전지대emotional safety zone를 제공하기

그림책을 읽고 나서 아이가 느낀 여러 감정들을 자유롭게 표현할 수 있도록 해준다. 부정적인 감정을 표현하면, 이를 바로잡으려고만 들지 말고 진심으로 받아주고 위로나 격려를 해준다. 부모가 아이의 감정을 평가하고 훈계만 할 경우, 아이는 속마음을 내놓을 수 없게 돼 불안을 느끼게 된다. 아이는 자기가 안전하다고 느낄 때 새로운 사회적 도전에 자신감을 갖게 된다. 그림책을 통해 느낀 감정을 다양하고 마음껏 표현할 수 있도록 부모가 감정 표현의 안전지대가 되어주자.

・사회적 규범과 예의를 가르쳐주기

그림책에서 다툼이나 화해, 양보와 같은 상황이 나오면 사회적 규범과 지켜야 할 예의에 대해 설명해 주어야 한다. 그래야 상황에 맞는 적절한 행동이 무엇인지 이해하게 된다.

・사회성 기술의 모델이 되어주기

그림책에 나왔던 상황을 활용해서 부모가 일상생활에서 직접 사회성 기술의 시범을 보이면 아이에게 좋은 본보기가 된다. 부모가 평소 예의 있고 상대방을 존중하는 모습을 보여주면 아이는 이를 자연스럽게 모방한다.

그림책 안에서 배우는
언어 표현

의사소통 능력과 문해력을 길러주는
그림책 함께 읽기

일상 속에서 사용하는 말은 어휘가 한정되고 문장 형태에도 큰 변화가 없다. 그러나 그림책 속에는 독특한 캐릭터가 등장하고 특별한 모험과 사건이 있으며 그 이야기는 다양한 어휘와 문장 형태로 표현된다. 그림책이 아이에게 새로운 어휘와 문법, 이야기의 구조를 학습할 수 있는 중요한 도구가 되어주는 이유이다. 어릴 때 매일 책을 읽었던 아이들이 어휘 표현력과 문장 이해력에서 더 우수하다고 한다. 그림책을 볼 때 앞에서 소개한 PEER/CROWD 질문으로 아이의 생각을 유도하면 이야기의 흐름을 더 잘 이해하게 된다.

• 새로운 단어나 문구, 문장을 반복해서 사용하기

그림책은 비교적 간결하고 반복적인 문장 구조로 이루어져 있어 아이들이 언어의 기본 규칙과 문장 구조, 표현력을 배우기에 적합하다. 그림책에 나온 단어나 문구, 문장을 일상생활에서도 사용해보자. 예를 들어 '환상적'이란 단어가 나왔다면 "이 이야기는 참 환상적이야", "무지개가 환상적으로 아름답네", "그것 참 환상적인 아이디어다"와 같이 대화할 때 자연스럽게 반복해서 사용한다. 아이가 새로운 단어를 배우고, 활용법을 익히는 데 도움이 된다.

· 사건의 순서나 주제, 결말에 대해 이야기 나누기

"먼저 무슨 일이 일어났더라?", "다음엔 어디로 갈까?", "주인공은 모험을 하면서 무엇을 느꼈을까?" 같은 질문을 통해 이야기 전개를 따라가고, 감정 변화를 읽어낼 수 있게 한다. 또 중요한 사건을 하나씩 요약하며 순서를 정리하면 이야기의 구조와 주제를 이해하도록 도울 수 있다.

· 아이의 상상력에 자극 주기

다른 결말을 상상해 보기, 등장인물이나 사건을 바꿔보기, 새로운 이야기를 만들어보기, 그림에 보이지 않는 상황을 상상하기 등은 창의적 사고와 함께 자신의 생각을 표현하는 능력을 길러준다. 그림책의 이야기를 곧이곧대로 읽지 말고 아이가 마음껏 상상하고 창의력을 펼칠 수 있도록 자극을 주자.

• 아이의 반응과 생각에 긍정적인 피드백 주기

아이가 그림책에 심취하여 자신의 감정이나 생각을 거침없이 쏟아내고 자신만의 상상력을 덧붙일 때 칭찬과 격려를 아끼지 않는다. 그것이 설령 엉뚱하고 황당하더라도 말이다. 이러한 경험을 통해 아이는 자신감을 가지고 자유롭게 사고를 펼치게 된다.

자기만의 방식으로
세상을 볼 수 있게 하라

시각적 문해력과 창의력, 예술성을 길러주는
그림책 함께 읽기

아이는 글보다 그림에 먼저 반응한다. 그림책은 다채로운 색감과 생동감 넘치는 장면들로 언어 문해력뿐 아니라 시각적 문해력도 함께 길러준다.

시각적 문해력visual literacy이란 이미지와 그래픽, 비디오 등 시각적 요소와 디자인을 파악하고 해석하며 상징적 의미를 이해하는 능력이다. 시각적 창작물로써 그림책은 의미를 담은 이미지나 비주얼 요소를 통해 아이들의 상상력을 자극하고 독창적인 아이디어의 토양이 되어준다.

저마다 다른 스타일과 기법으로 그려진 수많은 그림책은 아이가 예술에 대해 다양한 시각을 가지도록 도와준다. 예술적 감각을 기르고 창의적 사고를 확장시켜 주며 아이가 자신만의 방식으로 세상을 보고 표현하는 능력을 키우는 기회를 제공해 준다.

그림책 속의 특정 색상과 구도, 분위기는 줄거리와 어우러져 색의 심리적 의미, 공간 구성과 디자인에 따른 차이를 느끼게 한다. 예를 들어 색으로 표현된 다양한 감정을 통해 자신의 감정을 시각적으로 표현하는 법을 배울 수 있다.

특히 수채화나 유화, 콜라주, 세필화, 목탄화, 판화, 사진, 만화 등의 다양한 기법이 사용된 그림책들은 표현 방식에 따라 느낌이 어떻게 달라지는지 알려준다.

• 그림을 유심히 관찰하게 하기

그림 속 색상, 대비, 빛, 형태, 배치 등 예술적 요소를 찾아본다. 어둡거나 밝은 색조로 표현된 슬픔이나 기쁨이 의미하는 바를 찾아보고, 그림 속 인물의 표정이나 자세도 살펴본다. 글만이 아니라 그림에 표현되어 있는 것도 자세히 읽어주어야 한다. 예를 들면, 숲속에 토끼가 있는 장면의 그림을 세세한 표현까지 놓치지 않고 자세히 살펴보는 것이다. 그림에 표현된 표정과 행동, 색감과 디자인을 자세히 보고 자신만의 생각으로 해석해 본 아이는 "토끼는 숲으로 돌아가서 어떻게 되었을까?"라는 질문을 받게 되면, 자신이 그림에서 받은 인상을 기초로 상상력을 발휘한다.

• 낱권을 골라 구입하기

전집보다는 내 아이에게 맞는 그림책을 주제별로, 작가별로 구입하도록 한다.

- 동식물과 자연, 사람, 일상의 아름다움을 담고 있는 그림책
- 일상적인 사물이나 장면에서 색, 패턴, 선을 찾아 아이가 세상을 관찰하는 눈을 갖게 해주는 그림책
- 다채로운 배경과 장면 구성 등이 매력적이고 대담하게 표현된 그림책
- 그림이 이야기를 잘 보완하는 그림책
- 판형, 크기, 색감, 질감, 형태가 다양한 그림책

• 여러 재료를 사용하여 마음대로 표현하게 해주기

여러 스타일과 기법의 그림책을 감상하는 것은 미술 기법에 대한 흥미로 이어질 수 있다. 그림책을 보고 난 뒤 가장 마음에 드는 캐릭터나 장면을 따라 그려보거나, 이야기에서 영감을 받아 자신만의 그림을 그려보게 한다. 자유로운 자기표현을 격려해 주면 자신감도 커진다. 현실과 상상이 어우러진 이야기라면 자유롭게 상상하고 그려보는 활동으로 창의적 사고를 확장할 수 있다.

6장

미래 사회를
살아갈 아이들에게 필요한
디지털 교육

스마트 기기 사용,
조절과 절제 교육이 필요하다

'디지털 온리digital only'는 2010년 이후에 태어나서 시각 이미지를 선호하고 가상현실에 익숙한 알파 세대들을 말합니다. 이제 부모들은 디지털 테크놀로지로 둘러싸인 환경에서 '디지털 온리'들을 어떻게 양육해야 할지 고민일 것입니다. 부모들은 영유아기의 빠른 스마트 기기 노출 시기와 과몰입을 우려하면서도 스마트 기기 경험을 늦게 하면 혹여 내 아이가 뒤처질까 봐 불안합니다. 디지털 교육이 필수가 되어버린 시대, 현명한 부모는 자녀가 스마트 기기에 과의존하지 않도록 관심을 가지면서도, 아이의 디지털 역량을 증진할 수 있도록 노력을 기울여야 합니다.

이제는
디지털 역량 교육이다

20년 후는 지금 우리가 상상하는 것보다 훨씬 더 디지털화된 세상일 것이다. 성인이 된 아이는 아침에 일어나면 스마트 미러로 날씨, 교통정보를 확인하고, 일정을 점검하며, 온라인 학습 플랫폼에서 원하는 수업을 듣거나 가상공간에서 다른 나라 사람들과 공동 프로젝트를 수행할 수도 있다. 이처럼 디지털 기술은 아이들의 학습뿐만 아니라 사회적 상호작용, 나아가 직장 생활에까지 깊이 영향을 미치게 될 것이다. 따라서 부모는 영유아기 자녀가 디지털 기기를 적절하고 균형 있게 사용할 수 있도록 도와 미래 사회에서 꼭 필요한 능력인 '디지털 역량'을 자연스럽게 키워 나갈 수 있도록 해야 한다.

유아기에 키워야 할 디지털 역량이란 유아가 디지털 기술의 이로움과 위험을 알고, 앞으로의 디지털 세상에서 주도적이고 책임감 있게 디지털 기기를 사용하는 능력이다. 이 디지털 역량은 미래 사회의 기초 역량으로서 유네스코와 같은 국제기구뿐만 아니라 국내 교육계에서도 유아기에 반드시 길러야 할 중요한 역량으로 강조되고 있다.

유아에게 디지털 역량 교육이 필요한 이유는 뭘까? 첫째, 디지털 기기 사용 연령이 어려지고 과의존하는 유아가 증가하고 있다. 따라서 과의존을 예방하고 유아기부터 건강하고 올바른 디지털 기기 사용 습관을 길러주기 위해서다. 둘째, 디지털 환경 속에서 자라는 '디지털 온리' 세대라 하더라도 디지털 역량이 저절로 생기는 것이 아니므로 발달 수준에 맞는 디지털 기기 사용 교육이 필요하다. 셋째, 문자 메시지나 메신저 등을 이용한 사이버 범죄가 증가하고 있는 현실에서 디지털 매체를 바르고, 책임감 있게 사용할 수 있도록 하기 위해서다.

영유아기에 디지털 기기를 올바르게 활용하면 아이들의 성장과 발달에 긍정적인 영향을 미칠 수 있다. 디지털 기기가 영유아의 성장과 발달을 지원하는 내용을 살펴보면 다음과 같다.

첫째, 디지털 기기는 영유아의 인지 발달 촉진에 효과적이다. 코딩 블록과 로봇을 활용하여 아이들은 문제 해결 과정을 경험하며 이를 통해 논리적 사고력을 기를 수 있다. 또한 영상, 애니메이션, 인터랙티브 스토리북 등의 다양한 멀티미디어 자료를 통해 새로운 개념을 배우고, 흥미를 가질 수 있다.

둘째, 영유아의 언어 능력 향상을 돕는다. 예를 들어 'AI 스피커'는 아이들이 질문하고 답을 들으며 자연스럽게 듣기와 말하기 능력을 기를 수 있다. 또한 실시간으로 음성을 텍스트로 변환해 보여주는 '스피치노트speechnotes' 앱을 활용하여 놀이를 하거나 영상이나 AI 기반 언어 학습 앱 등을 활용하면 다양한 단어와 문장을 접하며 어휘력을 확장할 수 있다.

셋째, 영유아의 사회성과 감정 표현 능력을 기르는 데 도움이 된다. 친구나 로봇과의 상호작용을 포함한 놀이를 통해 사회성과 자기 조절 능력이 향상된다. 또한 감정 표현을 돕는 애니메이션, 인터랙티브 동화, 역할놀이 앱을 통해 다른 사람의 감정을 이해하고 공감하는 능력을 기를 수 있다.

넷째, 창의적인 사고와 표현력을 키울 수 있다. 스마트폰으로 아름다운 장면을 촬영하거나 태블릿 PC를 이용한 그림 그리기, 3D 펜으로 입체 작품 만들기, 애니메이션 만들기 앱으로 캐릭터 애니메이션 만들기 등을 하며 창의적 표현 능력을 증진시킬 수 있다. 또한 '스크래치 주니어' 같은 블록형 코딩 앱을 활용하거나 직접 가상공간에서 모험을 떠나는 등 증강현실을 활용해 새로운 개념을 배우면서 창의적인 사고를 확장할 수 있다.

다섯째, 신체 발달도 촉진할 수 있다. 직접적인 신체 활동을 대체할 수는 없지만, AR 댄스 게임과 같은 증강현실 기반 활동은 신체 움직임을 유도하고 활동량을 늘릴 수 있다. 또한 터치스크린 조작이나 인터랙티브 게임은 소근육과 대근육 발달에도 도움이 된다.

이처럼 디지털 기기는 적절하게 활용하면 영유아의 인지, 언어, 정서, 사회성, 창의성, 신체 발달을 촉진하는 유익한 도구가 될 수 있다. 중요한 것은 무분별한 사용이 아닌, 부모와 교사의 올바른 지도 아래 균형 잡힌 활용을 해야 한다는 것이다. 디지털 시대를 살아갈 아이들에게 기술을 유용하게 활용하는 방법을 가르치는 것이야말로 부모와 교사들이 책임감을 가지고 해야 할 중요한 역할이다.

스마트 기기에
과의존하는 아이들

스마트 기기 대부분은 우리 생활에 편리함을 주고 있는 것이 사실이다. 하지만 언제, 어떻게, 얼마나 사용하느냐에 따라 아이들에게 나쁜 영향을 미칠 수 있다는 것을 간과하지 말아야 한다. 대부분의 아이들이 좋아하는 디지털 콘텐츠들은 몰입감이 강하고 자극적이며 흥미를 유발하는 요소들이 많다. 그래서 디지털 콘텐츠를 많이 접한 영유아는 일반적인 환경에서 정상적인 발달을 지원하는 놀잇감에 대해 지루함을 느끼는 경우가 많다. 특히 연령이 어릴수록 스마트 기기에 과다하게 노출되면 부정적인 영향이 클 수밖에 없다.

한국보육연구원의 2020년 보고서에 따르면 2~5세 유아의 약 91.8퍼센트가 스마트 기기를 이용해 본 경험이 있었다. 사용 경험은 연령이 높아질수록 증가하며, 6세 미만 유아의 34퍼센트는 매일 스마트 기기를 사용하고 있었다. 더욱 놀라운 것은 2세 미만 유아가 스마트폰과 태블릿 PC를 활용하여 다양한 콘텐츠에 노출된 비율이 60.2퍼센트라는 것이었다.

이른 시기에 스마트 기기에 노출되다 보니 '스마트폰 과의존 증후군'을 겪는 유아도 상당하다. 스마트폰 과의존 증후군은 스마트폰 사용이 다른 어떤 놀이보다 우선시되는 활동이 되고(현저성), 이용 조절력이 감소하여(조절 실패) 신체·심리·사회적 문제를 겪는(문제적 결과) 상태라고 할 수 있다. 한국지능정보사회진흥원의 2023년 스마트폰 실태 조사에 의하면, 3~9세 유아동 사용자 중 스마트폰 과의존 위험군에 해당하는 비율이 25퍼센트에 달하는 것으로 나타났다.

많은 유아들이 스마트폰 과의존 위험군에 속하게 되는 이유는 무엇일까? 유아들이 접하는 콘텐츠들은 밝은 색상, 빠른 움직임, 단순하고 명확한 패턴을 특징으로 하며 간단한 터치만으로도 즉각적으로 작동하여 결과를 보여준다. 유아기 아이들은 자극에 민감하고 집중할 수 있는 시간이 짧기 때문에 강렬한 시청각 자극과 빠른 만족감을 주는 디지털 콘텐츠가 매력적으로 다가가는 것이다.

부모들이 무심코 영상이나 게임을 보여주는 것도 아이가 스마트폰에 과의존하는 원인이 된다. 부모가 편의에 따라 원칙 없이 아이에게 스마트 기기를 이용하게 두는 것은 방임일 수 있다. 심지어 2세 이하의 어린아이에게 스마트 기기를 육아 또는 교육 도구로 이용하는 것 역시 방임일 수 있다는 생각은 전혀 하지 못하고 있다.

과도한 스마트 기기 사용이 유아 발달에 미치는 영향

영유아가 스마트폰 기기를 이용하는 시기가 빠를수록 총 이용 시간이 많아질 뿐 아니라 우울, 불안 수준이 높고, 스마트 기기 사용 시간이 많을수록 주의력·집중력 문제를 보이며 공격성이 높은 것으로 나타났다. 그 외에도 발달별로 스마트 기기 과다 사용에 따른 부정적인 영향을 살펴보면 다음과 같다.

첫째, 영유아기는 뇌 발달 속도가 빠르며, 특히 전두엽이 발달하는 시기이다. 이 시기에 스마트 기기의 자극적인 영상을 반복적으로 오래 접하면, 강하고 빠른 자극에는 익숙하지만 약한 자극에는 반응하지 않는 팝콘브레인popcorn brain 현상이 나타날 수 있다.

또한 세계보건기구WHO에서는 스마트폰에서 발생하는 전자파를 발암물질로 분류하고 있으며, 성인에 비해 두개골이 얇고 뇌의 크기가 작은 유아는 전자파에 더 민감하기 때문에 각별한 주의가 필요하다고 하였다. 따라서 부모가 개인적인 시간을 가지거나 조기교육 목적으로 비록 교육용 영상이더라도 영유아기에 기준 없이, 빈번하게 보여주는 것은 뇌 발달에 심각한 영향을 미친다. 자녀의 스마트 기기 사용 기준과 노출 정도가 어느 정도인지 점검해 보기를 바란다.

둘째, 스마트 기기를 사용하여 동영상을 시청하는 아이들을 보면 한자리에 앉아서 거의 미동도 없이 보다가, 영상이 끝나 부모에게 다른 영상을 보여 달라고 할 때나 조금 움직인다. 이런 일이 반복될 경우 신체 발달에 필수적인 감각 체험과 경험을 통한 학습의 기회가 제한될 뿐 아니라 체중 증가 혹은 비만의 위험성이 높아진다. 또한 영유아기는 발달 특성상 자기중심성이 높은 시기이다. 이때 스마트 기기를 과다하게 사용하면 다른 사람과 사회적 관계를 맺는 시간이 절대적으로 부족해져 다른 사람의 감정에 공감하고 자기 감정을 표현하는 데도 서투르게 된다. 이는 아이가 사람들과 관계를 맺는 데에도 부정적인 영향을 미치며, 사회·정서 발달 전반에 부작용을 초래할 수 있다. 여러 연구 결과에서 스마트 기기를 이용한 놀이 시간이 많을수록 공격적 행동이나 문제 행동, ADHD(주의력 결핍 및 과잉 행동 장애)로 이어질 가능성이 높다고 밝혀진 만큼 주목할 필요가 있다.

셋째, 영유아가 스마트 기기에 과다하게 노출될 경우, 수면의 질이 떨어지거나 수면 시간이 줄어들 수 있다. 미국 소아과학회AAP가 생후 6~36개월 영아를 대상으로 터치스크린을 사용하는 횟수와 수면 간의 관계를 연구한 결과, 터치스크린 사용 횟수에 따라 수면 시간에 차이가 있는 것으로 나타났다. 4세 유아를 대상으로 한 연구에서도 디지털 매체 이용 시간이 길수록 수면 시간 또한 줄

어드는 것으로 확인되었다. 스마트 기기에서 나오는 블루라이트가 수면 주기에 부정적인 영향을 미치는 것이다.

스마트 기기 활용은 미래를 살아갈 아이들에게 더 이상 선택의 문제가 아니다. 하지만 영유아의 발달 특성상 스마트 기기는 성장을 지원하는 보조 도구에 지나지 않는다. 부모는 자녀가 어릴수록 최대한 스마트 기기에 덜 노출될 수 있도록 하고, 스마트 기기를 현명하게 활용하되, 자녀와의 직접적인 상호작용과 따뜻한 돌봄을 통해 아이가 균형 잡힌 성장을 할 수 있도록 도와야 한다.

📍 내 아이의 스마트폰 과의존 정도 알아보기

평소 내 아이가 다른 놀이보다 스마트 기기로 콘텐츠를 시청하거나 게임을 오랜 시간 동안 하려고 한다든지 부모와 정한 시간을 지키지 않고 더 하고 싶어 떼를 쓰는 모습을 자주 보인다면 다음 척도를 사용하여 아이가 스마트폰 과의존 증후군인지를 알아볼 필요가 있다.

••• 스마트폰 과의존 유아동 관찰자 척도

요인	항목	전혀 그렇지 않다	그렇지 않다	그렇다	매우 그렇다
조절 실패	1) 스마트폰 이용에 대한 부모의 지도를 잘 따른다.	④	③	②	①
	2) 정해진 이용 시간에 맞춰 스마트폰 이용을 잘 마무리 한다.	④	③	②	①
	3) 이용 중인 스마트폰을 빼앗지 않아도 스스로 그만둔다.	④	③	②	①
현저성	4) 항상 스마트폰을 가지고 놀고 싶어 한다.	①	②	③	④
	5) 다른 어떤 것보다 스마트폰을 갖고 노는 것을 좋아한다.	①	②	③	④
	6) 하루에도 수시로 스마트폰을 이용하려 한다.	①	②	③	④
문제적 결과	7) 스마트폰 이용 때문에 아이와 자주 싸운다.	①	②	③	④
	8) 스마트폰을 하느라 다른 놀이나 학습에 지장이 있다.	①	②	③	④
	9) 스마트폰 이용으로 인해 시력이나 자세가 안 좋아진다.	①	②	③	④

출처: 스마트쉼센터

237

본 척도는 각 항목에 표시한 점수를 합산하여 결과를 본다. 28점 이상은 고위험군으로, 스마트폰 과의존 경향성이 매우 높으므로 관련 기관의 전문적인 지원과 도움을 받도록 한다. 24점에서 27점은 잠재적 위험군으로 아이의 스마트폰 사용을 적절히 조절하지 않을 경우, 스마트폰에 과의존할 위험성이 있으므로 아이의 스마트폰 사용을 관리하고, 계획적으로 사용할 수 있도록 도와주어야 한다. 23점 이하인 일반 사용자군은 현재 스마트폰을 적절히 이용하고 있지만, 앞으로도 지속적인 관심과 지도가 필요하다.

스마트 기기 사용도
조기교육?

우리는 카페에서 어린아이는 유모차에 앉아 스마트 기기에서 나오는 영상을 시청하고, 엄마들은 이야기를 나누면서 사이사이 자신의 스마트폰으로 메시지를 확인하거나 보내는 모습을 흔히 볼 수 있다. 이런 모습은 비단 밖에서만이 아니다. 가정에서도 부모와 아이가 함께 대화를 하며 놀기보다 각각 스마트폰에 빠져 있곤 한다.

우리나라 아이들이 이렇게 어린 시기부터 스마트폰과 디지털 콘텐츠에 노출되는 상황에서 다른 나라의 경우는 어떠한지 궁금해진다. 미국의 경우, 유아 대상 스마트폰 사용 제한 규정을 두고 있으며 30개 주가 유아교육 정책으로 2세 이하 유아의 화면 이용을 제한하고 있다. 대만은 영유아의 디지털 기기 사용에 대한 부모의 책임을 강화하는 방안으로, 2세 이하 영아의 디지털 기기 사용을 제한할 뿐 아니라 2~18세 유아동·청소년의 과도한 디지털 기기 사용에 대해 부모 및 보호자에게 벌금을 부과하고 있다. 또 프랑스도 3세 미만 영유아의 영상 시청을 금지하고, 13세 미만 아동의 스마트폰 사용을 금지하는 방안을 검토 중에 있다.

세계적으로 영유아의 스마트폰 사용에 제한을 두는 규제가 확산되고 있는데, 우리나라 부모들은 왜 자녀들이 이른 시기부터 스마트폰을 접하도록 하고 있는 걸까? 그 이유와 함께 스마트폰 사용을 제한할 수 있는 방법을 정리해 보았다.

• 발달에 대한 오해와 조기교육에 대한 불안감이 있을 때

미국이나 영국과 달리 우리나라 부모들은 어린 시기부터 아이들에게 스마트폰이나 태블릿 PC 등을 사용하여 아이가 원하는 동영상이나 학습용 동영상을 보게 하거나 게임을 허용하는 경우가 많다. 왜냐하면 많은 부모들이 자녀가 교육용 콘텐츠를 시청함으로써 언어와 인지 능력이 향상된다고 믿기 때문이다.

특히 자녀의 빠른 성장과 발달을 위해 조기교육에 많은 관심을 가지고 있기에 다양한 교육용 콘텐츠에 쉽게 접근할 수 있는 스마트폰 사용에 대해 관대한 측면이 있다. 심지어 어떤 부모들은 스마트 기기로 교육용 콘텐츠를 보여주지 않으면 오히려 아이가 뒤처질 수 있다는 불안감을 느끼기도 한다.

스마트 기기로 교육용 콘텐츠를 시청하는 것은 여러 연구의 결과가 말해주듯 뇌 발달에 부정적 영향을 끼친다. 당연히 언어와 인지 능력 향상에 큰 도움을 준다고 할 수 없다. 이러한 발달에 대한 오해와 조기교육에 대한 불안감을 줄일 수 있도록 부모는 '아이의 행복'을 우선에 두고, 발달에 대한 바른 이해와 발달 단계에 맞는 교육의 중요성을 인지하고 실천하는 것이 필요하다. 부모가 자녀에 대한 바른 교육관을 정립하고 흔들리지 않아야 자녀를 올바르게 양육할 수 있다.

• 스마트 기기 사용에 대한 훈육 방법을 모를 때

2023년 스마트폰 사용 실태 조사 결과를 보면, 영유아기 자녀의 스마트폰 과의존의 주요 원인으로 가장 많은 부모들이 맞벌이 증가로 인한 훈육 시간 부족(36퍼센트)을 들었고, 다음으로 자녀의 스마트폰 이용 훈육 방법을 몰라서(34퍼센트)라고 대답했다.

유아교육 현장에 있으면서 나는 부모들이 자녀에게 휘둘리는 모습을 자주 본다. 이는 스마트 기기 사용에서도 예외는 아니다. 아이의 스마트폰 사용 시간이 길어질 때 제재를 가하기도 하지만 심하게 떼를 쓰면 그냥 하게 내버려두는 부모가 많다. 많은 부모가 자녀의 스마트 기기 사용 시간을 조절하거나 사용을 통제하는 일이 쉽지 않다는 데 공감할 것이다. 아이들은 발달 특성상 자기 조절이 능숙하지 않다. 특히 재미를 느끼는 활동을 스스로 멈추기란 매우 어렵다. 그렇다고 아이가 하고 싶은 만큼 하도록 그냥 내버려

두어서는 안 될 일이다.

아이의 스마트 기기 이용 조절을 돕기 위해 부모는 아이와 함께 이용 시간을 정하는 것이 좋은데, 1회 20분을 넘기지 않도록 한다. 또한 이용할 콘텐츠를 아이와 함께 정하고, 약속 시간 약 5분 전에 아이에게 이렇게 말해준다.

"조금 있으면 엄마와 약속한 시간이야. 큰바늘이 12에 가면 엄마가 다시 이야기해 줄 거야. 그때는 가지고 있는 스마트폰을 엄마에게 가져다줘야 해."

그리고 약속 시간이 되면 아이 옆에 가서 아이가 스스로 스마트폰 사용을 끝낼 수 있도록 기다려주자. 아이가 제시간에 스마트폰을 끄거나 엄마에게 건네주면, 미소(비언어적 표현)를 지으며 "엄마와 약속한 시간을 잘 지켜주었네. 다음에는 어떤 것을 보고 싶니?(언어적 표현)"와 같이 아이의 행동에 대해 구체적으로 칭찬해 주도록 하자. 자녀 스스로 스마트 기기 이용을 끝내는 행동을 통해 자녀는 스마트 기기 사용에 대한 조절 능력을 기르고 성취감을 느낄 수 있을 것이다.

• 공공장소에서 자녀를 통제해야 할 때

요즘 일부 매장은 '노키즈존No Kids Zone'을 걸고 아이와 아이를 동반한 고객의 출입을 제한하기도 한다. 노키즈존은 자기 자녀를 제대로 통제하지 못하는 일부 부모들 때문에 생겨난 측면이 있다. 이는 자녀들에게 스마트폰을 보여주는 이유와도 일맥상통한다.

2023년 스마트폰 사용 실태 조사에 따르면, 부모들이 자녀에게 스마트폰 이용을 허락하는 이유는 '공공장소에서 자녀를 통제하기 위해서'가 41.3퍼센트로 가장 높았다. 부모가 통제하기 어렵다고 느끼는 상황을 해결하기 위해 스마트폰을 장난감이나 동화책 대신 활용하고 있음을 알 수 있다.

다음 이유로는 31.6퍼센트가 '부모의 가사, 직업 활동, 대인 관계 활동 등 개인 시간을 확보하기 위해서'를 들었다. 부모가 개인적인 시간을 갖기 위해 자녀에게 스마트폰 사용을 허락하는 것은 아이 혼자서 콘텐츠를 시청하는 상황으로 이어질 수 있다. 이처럼 부모의 관여 없이 혼자 사용하는 시간이 늘어나면 유해한 콘텐츠에 노출될 위험이 커지기 때문에, 이 점을 결코 가볍게 여겨서는 안 된다.

대중교통, 식당 등의 공공장소에서 자녀를 조용히 앉혀 두기 위한 수단으로 스마트 기기를 사용하기보다는 아이가 그 장소에서 경험할 수 있는 것들을 주제로 스무고개, 수수께끼 게임 등을 하거나 장소와 관련된 이야기를 나눠보자.

아이와 함께 메뉴를 보면서 "여기는 냉면을 맛있게 하는 음식점이야. 여기 있는 많은 사람들이 냉면을 먹고 있네. 맛있게 보인다. 우리도 빨리 냉면을 주문하자. 주문하려면 어떻게 하면 될까?", "이 식당에는 로봇이 음식을 가져다주네. 저기 좀 봐. 로봇이 음식을 손님에게 어떻게 주는지 보자." 등과 같이 식당에서 일어나는 상황에 대해 아이의 관심을 유도한다면 매일 보는 동영상보다 냉면이나 서빙 로봇에 더 흥미를 보이게 될 것이다. 이를 통해 아이는 스마트 기기에 덜 의존하게 되고, 자신이 평소 경험하지 못한 환경을 탐색하고 직접 경험해 봄으로써 관련 지식이 형성될 것이다.

스마트 기기 사용에 능숙하면
똑똑한 것일까?

어린 자녀가 스마트폰이나 태블릿 PC를 혼자서 작동시키고 콘텐츠를 찾아 보면 기계 작동에 재능이 있다고 생각해 좋아하는 부모들을 종종 본다. 다시 말해, 어린 자녀가 스마트 기기를 잘 다루면 자녀가 똑똑하다고 여기는 부모가 많다는 것이다. 하지만 아이가 스마트 기기를 능숙하게 조작하는 것은 혼자 스마트 기기를 사용해 본 횟수와 시간이 많아 스마트 기기 이용이 점차 습관화된 것일 수 있다는 보고가 있다. 스마트 기기를 능숙하게 조작한다고 해서 똑똑한 것은 아니며, 오히려 스마트 기기에 의존할 경향이 높다고 볼 수 있다. 그런데도 부모들은 스마트 기기를 능숙하게 조작하는 아이에 대해 긍정적인 믿음을 갖는 경우가 많은데, 그 이유는 다음과 같다.

• 스마트 기기에 대한 빠른 적응과 조기 숙달

아이가 스마트폰 사용 방법을 빨리 익히면 부모는 깊은 인상을 받을 수 있다. 부모들은 어린 시절부터 스마트폰을 사용하며 자란 세대가 아니기 때문에 새로 스마트폰을 구입하면 시간을 들여 조작법을 익히는 경우가 많다. 이에 반해 어린 자녀는 스마트 기기에 이미 익숙하다. 때문에 서슴지 않고 조작하는 모습을 보인다. 이런 모습은 부모에게 마치 아이가 복잡한 기술을 스스로 익히는 것처럼 느껴지게 하고, 그로 인해 아이가 똑똑하고 지능이 높은 것처럼 착각하게 만든다.

• 기술 지식을 지능으로 인식

디지털 시대에는 기술에 대해 알고 잘 다루는 것이 장래의 성공을 예측하는 지표라고 믿는 경향이 강하다. 그래서 자녀의 기술 사용 능력을 곧 지적 능력과 연관시키는 부모가 많으며, 스마트 기기를 능숙하게 다루는 모습을 보고 다른 분야에서도 뛰어난 역량을 보일 것이라고 과도하게 일반화하는 경우가 많다.

• 스마트폰 단순성과 복잡성에 대한 환상

스마트폰은 직관적이고 사용하기 쉽게 설계되어 있어 아이들도 어렵지 않게 사용할 수 있다. 그런데 부모는 스마트폰 수행 작업이 인지적으로 힘들다고 과대평가하는 경우가 있다. 특히 어른처럼 스마트폰의 다양하고 복잡한 기능을 사용하려면 높은 수준의 인지 능력이 필요하다고 생각한다. 그러나 실제로 아이들은 게임을 하거나 동영상을 시청하는 등 반복적이거나 단순한 기능을 사용하는 경우가 대부분이다. 결국 부모가 '복잡하다'는 환상을 가지고 자녀의 스마트폰 사용을 바라보는 것이다.

· 기술 중심 사회의 문화적·사회적 영향
빅데이터, AI, 사물 인터넷 등이 우리 생활에 깊숙이 들어옴으로써 디지털 기기에 능숙해야만 시대에 뒤떨어지지 않을 것이라는 인식이 강해지고 있다. 이러한 기술 중심 사회에 대한 인식으로 부모들은 어린 나이에 기기를 다루는 자녀의 기술 역량이 미래의 성공과 높은 지능과도 관련이 있다고 믿는 경우가 많다.

스마트 기기를 사용하는 능력은 영유아의 지능이나 재능과 무관하다는 점을 인식하고, 자녀의 스마트 기기 사용에 대해 보다 균형 잡힌 시각을 가지고, 바람직한 방향으로 이끌어주기를 당부한다.

부모를 위한
바람직한 스마트폰 사용에 대한 조언

부모의 양육 태도와 생활 태도는 자녀의 스마트폰 사용에 영향을 미친다.

일상생활에서 자녀의 잘못된 행동에 대해 가르치거나 통제하지 않는 허용적인 부모는 스마트폰 사용에도 시간이나 규칙을 정하지 않아 자녀가 스마트폰에 과의존하는 경우가 많다. 반면, 따뜻하지만 명확한 규칙을 제시하는 권위 있는 양육 태도를 취하는 부모는 자녀의 스마트폰 사용을 효과적으로 지도하는 경향이 높다. 이러한 양육 태도를 가진 부모는 화면 시청 시간에 대한 경계를 설정하고 자녀에게 노출되는 콘텐츠를 모니터링하여 스마트 기기에 대한 과도한 의존을 예방할 수 있다.

부모가 평소에 지속적으로, 자주 소셜 미디어를 확인하거나, 자녀와 함께 있는 시간에도 스마트폰을 사용하는 모습을 보이면, 이를 보고 자란 자녀는 과도한 스마트폰 사용조차도 정상적이고 허용 가능한 행동으로 인식하게 된다. 그리고 실제로 이러한 부모의 행동을 모방할 가능성이 높다. 또한 부모가 스마트폰을 과다하게 사용할 경우, 부모와 자녀 간 상호작용의 질이 저하될 수 있으며, 의미 있는 관계 형성이 부족해져 자녀가 스마트 기기에 정서적으로 의존하게 될 위험도 커진다.

특히 스마트폰 과의존 위험군에 있는 아이들은 자신의 의지보다는 부모의 영향으로 사용 습관이 형성되는 경우가 많다. 부모의 스마트폰 사용 습관과 자녀의 습관이 높은 관련성을 보인다는 연구가 다수 보고되고 있다. 그중에서도 엄마의 스마트폰 과의존은 유아의 스마트폰 과다 사용에 많은 영향을 미친다는 연구 결과는 매우 주목할 만하다.

자녀의 건강한 스마트 기기 사용을 위해서 먼저 부모 자신의 사용 습관을 점검해 보는 것이 중요하다. 스마트폰 과의존 성인·고연령 척도를 이용하여 자신의 수준을 점검해 보자.

••• 스마트폰 과의존 성인·고연령 척도

요인	항목	전혀 그렇지 않다	그렇지 않다	그렇다	매우 그렇다
조절 실패	1) 스마트폰 이용시간을 줄이려 할 때마다 실패한다.	④	③	②	①
	2) 스마트폰 이용시간을 조절 하는 것이 어렵다.	④	③	②	①
	3) 적절한 스마트폰 이용시간을 지키는 것이 어렵다.	④	③	②	①
현저성	4) 스마트폰이 옆에 있으면 다른 일에 집중하기 어렵다.	①	②	③	④
	5) 스마트폰 생각이 머리에서 떠나지 않는다.	①	②	③	④
	6) 스마트폰을 이용하고 싶은 충동을 강하게 느낀다.	①	②	③	④
문제적 결과	7) 스마트폰 이용 때문에 건강에 문제가 생긴 적이 있다.	①	②	③	④
	8) 스마트폰 이용 때문에 가족과 심하게 다툰 적이 있다.	①	②	③	④
	9) 스마트폰 이용 때문에 친구 혹은 동료, 사회적 관계에서 심한 갈등을 경험한 적이 있다.	①	②	③	④
	10) 스마트폰 때문에 업무(학업 혹은 직업 등) 수행에 어려움이 있다.	①	②	③	④

출처: 스마트쉼센터

척도를 점검해 본 결과 29점 이상이면 고위험군, 24~28점은 잠재적 위험군, 23점 이하이면 일반 사용자군이다. 만약 자신이 위험군에 든다면, 스마트폰을 건전하게 활용하기 위해 지속적으로 자기 점검을 하며 자녀에게 모범을 보이도록 하자.

아이와 함께 정하는 스마트 기기 사용 규칙

미국 소아과학회는 18개월 미만의 어린이는 화상 통화를 제외하고는 화면을 보는 시간을 피할 것을 권고하고 있다. 2세 이하의 영유아는 화면 시청이 아닌 오감으로 사물과 환경을 탐색하고 조작해보는 시간을 통해 성장하기 때문이다. 2~5세 유아의 경우에도 콘텐츠를 시청하는 시간을 하루 1시간 이내로 제한하는 것이 좋은데, 이때 부모나 보호자가 일방적으로 정하기보다는 사용 시간이나 장소, 사용 기기 등에 대한 규칙을 구체적으로 아이와 함께 정하도록 한다.

부모는 아이에게 동영상을 시청하는 시간과 장소를 명확하게 설정해 줄 필요가 있다. 즉 식사 시간과 잠자리에서는 화면을 보지 않기로 하고, 그 외 시청할 시간이나 장소 등을 아이와 함께 의논해 정하는 것이다.

아이가 밥을 잘 먹지 않을 경우, 스마트 기기로 동영상을 보여주며 밥을 먹이는 부모들이 간혹 있다. 동영상에 몰입한 아이가 무의식적으로 음식을 받아먹게 되기 때문이다. 그러다 식사가 끝나면 동영상을 중지시키는데, 아이 입장에서는 자기 의지와 상관없이 시청을 시작했고, 계속 더 보고 싶어도 못 보는 상황이 되니 매우 짜증이 나게 된다. 그러면 아이는 떼를 쓰고, 떼를 쓰면 부모가 더 시청하게 해주는 상황이 반복되면서 정해놓은 규칙이 무용지물이 된다. 부모는 동영상을 시청할 수 없는 시간과 장소를 설정하여 명확한 경계를 설정하되, 아이와 함께 의논하여 실천 가능한 규칙으로 정하도록 한다.

건강한 스마트 기기 사용은 정한 시간만큼 시청하고, 시청 후 아이 스스로 끄는 것에서 시작한다. 이는 아이가 건강한 습관과 일과를 형성하는 데도 도움이 될 것이다.

스마트 기기 사용도 상호작용이 필요하다

부모들은 스마트 기기를 사용하여 자녀의 학습을 지원하고자 교육용 동영상이나 앱을 보여주는 경우가 많다. 이때 부모는 아이가 혼자 동영상이나 앱을 선택하게 하기보다는 아이의 흥미와 요구를 고려해 교육적인 콘텐츠나 앱을 선정해 주는 것이 좋다. 또한 선정한 동영상을 함께 시청한 후, 동영상의 내용에 대해 아이와 상호작용하는 것이 바람직하다. 시청한 내용에 대해 상호작용할 때는 기억을 확인하는 질문보다는 "앞으로 무슨 일이 일어날까?"와 같은 개방적인 질문을 통해 아이의 상상력과 창의력을 기를 수 있도록 한다. 또한 언어적인 상호작용 외에도 미소 짓기, 눈 마주치기와 같은 비언어적인 상호작용을 통해 아이가 정서적으로 안정감을 느끼고, 부모와 함께 시청하는 시간이 즐겁고 편안하게 느껴지도록 하는 것이 중요하다.

　이를 위해서는 아이와 함께 볼 콘텐츠를 신중하게 선택할 필요가 있다. 교육적 효과를 높이기 위해, 다음과 같은 기준을 바탕으로 콘텐츠를 선정하는 것이 좋다.

- **교육용 콘텐츠 선정 기준**
  1. 연령과 발달 수준에 적합한 콘텐츠를 선정한다.
     아이의 연령과 발달 단계에 맞는 주제와 표현으로 너무 복잡하거나 자극적인 내용을 피하도록 한다.
  2. 상호작용을 할 수 있는 콘텐츠를 선정한다.
     어린아이들이 화면을 수동적으로 보는 앱이나 동영상보다는 아이 자신이 직접 조작할 때 소리가 나거나 스토리를 만들 수 있는 적극적인 참여를 유도하는 콘텐츠가 좋다. 이러한 상호작용은 인지 및 운동 능력을 키우는 데 도움이 된다.
  3. 부모와 자녀의 상호작용을 촉진하는 콘텐츠를 선정한다.
     시청 후 부모가 아이와 대화를 나눌 여지가 있는 콘텐츠, 함께 생각해 볼 질문이나 주제를 제공하는 콘텐츠가 좋다. 또한 자녀가 화면을 보는 동안 부모가 곁에서 아이의 반응을 관찰하고 상호작용하는 것도 중요하다. 이러한 부모의 참여는 아이의 학습을 지원할 뿐 아니라 부모와 자녀 간의 관계를 더욱 깊고 따뜻하게 만드는 데 큰 도움이 된다.

4. 콘텐츠는 느리게 진행되고, 아이들을 고려한 매력적인 디자인이어야 한다.

   영유아의 정보 처리 속도에 맞는 콘텐츠, 지나치게 자극을 많이 주지 않는 콘텐츠를 선택하는 것이 중요하다.

5. 영상 도중 광고 또는 앱을 소개하는 콘텐츠는 지양한다.

   이는 아이의 주의를 산만하게 하거나 부적절한 환경에 노출될 위험이 있기 때문이다.

6. 콘텐츠 하나의 길이는 아이의 주의 집중 시간에 적합한 것으로 선정한다.

   연령이 어릴수록 주의 집중 시간이 짧으므로 아이에게 과부하를 주지 않으면서 참여할 수 있는 콘텐츠를 선정한다.

아이가 사용하는 스마트폰의 환경을 정비하자

자녀가 스마트폰을 보다 안전하고 건강하게 활용할 수 있도록, 사용하는 환경부터 점검해 보는 것이 중요하다.

1. 먼저 '자녀 보호 기능'을 활용해 보자.

   이 기능을 활용하면 부적절한 콘텐츠를 차단하고 자녀가 연령에 적합한 자료에만 액세스할 수 있다. 또한 자녀가 안전하고 유익한 콘텐츠에 참여하고 있는지 확인하기 위해 자녀의 스마트 기기 사용을 점검할 수 있다.

2. 정기적으로 앱과 미디어를 점검해 보자.

자녀가 사용하는 앱과 미디어를 주기적으로 확인하여 연령과 발달 수준에 적합한지 확인할 수 있다.

3. 콘텐츠를 모니터링하자.

자녀가 온라인에서 무엇에 노출되는지 주의 깊게 살펴보아야 한다. 어린이에게 적합한 앱일지라도 광고나 외부 링크는 안전하지 않거나 부적절한 콘텐츠로 이어질 수 있다.

4. 도움이 필요할 때는 전문가에게 도움을 요청하자.

부모로서 자녀의 스마트폰 사용 지도가 힘들거나 지도 방법을 모를 때에는 혼자 해결하려 하지 말고 전문가 및 전문 단체의 도움을 받도록 한다. 스마트쉼센터 홈페이지(www. iapc.or.kr)에서 전화 혹은 온라인으로 상담(센터 내방, 가정 방문)을 신청할 수 있다.

7장

놀이를 통한 배움

아이들은 놀면서 자란다

자율성과 주도성이 중요한 영유아기에는 아이가 좋아하는
놀이에 몰입하고, 어렸을 때 했던 놀이의 추억을 간직할 수
있도록 해주는 것이 중요합니다. 어린 시절 놀이를 충분히
경험할수록 남과 비교하지 않고 자신감이 높아지며, 창의성
과 사회성이 발달합니다. 부모가 놀이에 참여하는 것을 부담
스러워 하고 즐거워하지 않으면 아이들도 그 감정을 느낍니
다. 자녀에게 즐거운 마음으로 함께 놀이를 해주는 놀이 친
구가 되어주세요

아이들에게
놀이 문화를 만들어줘라

세상의 모든 아이들은 놀 권리가 있고, 놀이를 통해 성장한다. 아이들이 놀이를 통해 즐거움을 추구하는 행위는 인간의 자연스러운 본능에 해당한다. 아이들은 학습에 대한 의지가 형성되기 이전부터 바깥세상을 향한 관심과 놀이 본능을 키워나간다. 때문에 아이의 '처음' 학습은 놀이를 통한 것이 대부분이다. 그래서 아이의 놀이를 학습과 대치되는 것이라고 생각해서 무턱대고 제한하거나 금지해서는 안 된다. 오히려 놀이를 통해 자연스러운 발달과 학습을 유도하는 편이 바람직하다.

외국에 나갈 때마다 만나는 부러운 풍경 하나가 바로 잔디가 끝없이 펼쳐진 놀이 공간이다. 우리나라는 아이들이 마음 놓고 뛰어놀 수 있는 안전한 놀이 공간이 턱없이 부족하다. 그래서 잔디밭에서 마음껏 뒹굴고 뛰고 공을 차며 노는 다른 나라 아이들을 지켜보고 있으면 안타까운 마음이 앞서곤 한다. 우리는 아이가 겨우 말귀를 알아들을 무렵부터 '어떻게 글씨를 깨우치게 할까?'라는 고민에 매달리고 있기 때문이다. 아무도 '어떻게 하면 아이가 친구들과 잘 놀 수 있을까?'를 고민하지 않는다.

예로부터 우리는 흥이 많고 놀이를 즐기는 민족이었다. 전통놀이만 살펴봐도 윷놀이, 탈춤, 연날리기, 씨름 등 사람들이 어우러져 함께 즐기는 놀이가 많았다. 그러나 지금 우리의 놀이 문화는 온데간데없고, 동네 골목 어귀에서 또래 아이들이 어울려 노는 모습조차 찾아보기 어렵다. 언젠가부터 어른들은 물론 아이들도 놀이 문화를 잃어버렸다. 이제는 우리 아이들에게 자유로운 놀이 공간을 주어야 하고 언제든지 놀고 싶을 때 마음껏 놀리는 문화가 필요하다. 어릴 때부터 학습을 목적으로 한 놀이 문화가 아니라 아이가 상상력을 발휘해 스스로 놀이를 만들어가는 등, 놀이의 주체로서 진정으로 즐길 수 있는 놀이 문화를 만들어주어야 한다.

아이들은 놀면서 배운다

아이들이 자라는 생활 영역에서 놀이 공간과 문화는 중요한 역할을 한다. 유아들은 잠자는 시간을 제외하면 대부분의 시간에 놀이를 한다. 놀면서 자신이 사는 주변 세계와 사물에 대해 탐구한다. 본격적으로 '나' 아닌 '타인'들과 사귀는 가운데 신체가 발달하고 정서적으로도 안정된다.

그런데도 어른들은 "이제 그만 놀고 공부 좀 하렴!", "오늘 유치원에서 뭐 배웠니?", "장난감만 가지고 놀지 말고 이제 공부해야지" 등의 말로 아이들의 놀이를 가로막는다. 영유아기의 놀이와 학습을 별개의 활동으로 치부하기 때문이다. 어른들도 마찬가지겠지만 잘 노는 아이가 행복하다. 어려서부터 행복한 아이는 여러 가지 놀이를 할 수 있고, 한 가지 놀이에 오래 집중하며, 창의적이고 창조적인 놀이를 얼마든지 할 수 있다. 무엇보다 놀이를 통해 즐거움과 만족감을 얻는다.

역으로 아이가 행복하지 않으면 잘 놀지 못하고 놀이에 집중할 수 없으며, 창조적이고 상상력이 발현되는 놀이가 불가능하다. 아이들은 놀이를 통해 지적으로 영리해지고, 정서적으로 안정되며, 사회적으로 배려할 줄 아이로 성장한다. 이제 우리 아이들에게 놀이 공간과 문화를 찾아주자. 행복한 아이가 자라 행복한 성인이 된다. 세 살 버릇만 여든까지 가는 것이 아니라, 세 살 행복도 여든까지 간다.

🏃 아이에게 놀이란 무엇인가?

다음은 '놀이가 무엇인가?'라는 질문에 아이들이 실제로 했던 답변들이다.

① 놀이는 장난감 혹은 교구를 사용해서 노는 것, 재미있고 신나는 것, 친구와 함께 노는 거예요.
② '놀이'라는 말을 들으면 '좋은 생각'이 들어요.
③ 놀이할 때는 '좋아요!', '신나요!', '재미있어요!', '기뻐요!' 같은 기분이 들어요.
④ 가장 재미있는 놀이 장소는 실외 놀이터예요. 특히 미끄럼틀, 그네, 시소, 운동기구 같은 것이 재미있어요.
⑤ (남자아이) 가장 재미있는 장난감은 블록 놀이에요.
　 (여자아이) 역할놀이가 가장 재밌어요.
⑥ 다른 아이들과 같이 하는 놀이가 좋아요. 혼자 노는 것은 심심하고, 재미없고, 쓸쓸한 기분이 들어요.

261

아이들에게
진짜 놀이란 무엇일까?

아이들이 놀이하는 상황에서 즐거운 표정을 본 적이 있는가? 즐겁지 않으면 놀이라고 할 수 없다. 놀이에는 하고 싶다는 감정과 즐겁다는 감정을 느껴서 누가 옆에서 말을 걸어도 듣지 못할 정도의 몰입이 있다. 아이들이 놀이하면서 즐거워하는 상태는 때로는 활짝 웃는 미소나 깔깔대는 웃음소리로도 나타나지만, 심각한 표정으로 온전히 집중하는 표정으로도 나타난다. 만약 가정에서 아이가 매우 진지하게 무엇인가를 하고 있다면 놀이에 빠져 있다는 뜻이다. 예를 들어 아이가 아무 이유와 목적 없이 흙을 파고 있는데 그 행동이 사뭇 진지하다면 그것은 놀이일 확률이 높다. 블록이나 퍼즐, 공을 가지고 노는 것만이 놀이가 아니라 아이가 주도적으로 계획하고 실행하고 다시 반복하며 하는 행동도 놀이이다.

놀이에는 진짜 놀이와 가짜 놀이가 있다. 무엇이 그 차이를 만드는지를 보여주는 놀이 실험 두 가지를 보도록 하자.

EBS 다큐프라임의 '놀이의 반란' 편에서는 세 개의 그룹으로 아이를 분류하여 놀이를 하도록 했다. 첫 번째 그룹은 자유롭게 놀이를 선택하도록 했고, 두 번째 그룹은 쌓기 영역에서만 놀이를 하도록 지정했다. 그리고 세 번째 그룹은 쌓기 영역에서 노는 게 어떻겠냐고 제안을 했다. 20분 정도 시간이 흐른 뒤 교사는 아이들에게 이제는 지금 하고 있는 놀이 말고 다른 놀이를 해도 된다고 말했다. 이때 아이들은 어떤 반응을 보였을까? 권유와 강제로 놀이를 한 두 번째 그룹의 아이들과 세 번째 그룹의 아이들은 바로 하던 놀이를 멈추고 다른 놀이를 시작했지만, 자유 선택 놀이를 하던 첫 번째 그룹의 아이들은 여전히 자신들이 하던 놀이를 지속했다. 이러한 결과는 아이들이 자발적으로 선택한 놀이에서 더 큰 흥미를 느끼고 몰입한다는 것을 보여준다.

또 '놀이의 힘; 진짜 놀이와 가짜 놀이' 편에서는 놀이에 대한 생각과 성향이 다른 엄마들에게 준비된 놀잇감을 가지고 평소처럼 아이와 놀아달라고 했다. 그러자 엄마들은 놀잇감을 아이에게 제안하면서 은연중에 무언가를 가르치려 들었으며, 아이의 놀이에 빠져들지 못하는 모습을 보였다. 이런 엄마와 함께하는 놀이를 아이가 과연 즐거워했을까? 이때 엄마가 아이와 했던 놀이가 바로 가짜 놀이이다.

학습을 위한 놀이는 진짜 놀이가 아니다

진짜 놀이란 아이들이 주도적으로 놀이하고 즐거움을 느끼는 놀이의 본질을 가진 놀이이다. 진짜 놀이를 위해서는 아이들이 직접 놀이를 주도하고, 자발적으로 할 수 있도록 존중해 주고 배려해 주는 태도가 중요하다. 위험하다고 해서 놀이를 무조건적으로 제한하지 않고, 아이가 하고 싶은 방향으로 부모로서 해줄 수 있는 것은 최대한으로 제공해 주는 것이 필요하다. 부모는 아이와의 놀이에 진심으로 함께하는 모습을 보여주고 정말 즐거워하고, 아이가 놀이하는 과정에 대해 칭찬해 주는 것이 좋다.

반면 가짜 놀이란, 아이들이 주도하지 않고 놀이의 즐거움을 잃어버린 놀이이다. 부모가 자신의 놀이 성향과 원하는 방법으로 아이에게 놀이를 하자고 하면, 가짜 놀이가 된다. 예를 들면 부모가 놀잇감도 정해주고, 부모가 원하는 놀이를 제시하여 아이의 놀이를 정하려고 하는 것이다. 그러면 아이는 자신이 선택한 놀이가 아니기에 즐겁지 않다.

부모가 가짜 놀이를 하는 건, 무언가를 가르치기 위한 학습 방법으로 놀이를 생각하기 때문이다. 놀이는 그 자체로 아이가 즐겁고 행복해야 한다. 놀이를 통해 무엇인가를 가르치려고 하는 부모의 태도는 아이의 놀이를 방해한다.

요즘 많은 학원들이 놀이를 통해 학습시킨다고 홍보한다. 놀이를 통해 수학을 가르치고, 놀이를 통해 영어를 배우게 하며, 놀이를 통해 책을 읽고, 체육을 경험하게 한다는 식이다. 하지만 그 학원의 놀이 수업들은 가르치고자 하는 선생님에 의해 미리 계획되고 의도된 활동이기 때문에 진짜 놀이가 아닌 가짜 놀이가 많다. 진짜 놀이는 아이들이 주도적으로 계획하고 아이들이 규칙을 바꾸거나 만들어야 한다. 학원에서 수업으로 하는 놀이는 강사가 학습을 목적으로 사전에 준비한 대로 정해진 방법대로 진행하기 때문에 그 성격상 대부분 가짜 놀이로 진행될 수밖에 없다.

혹시나 이런 학원 수업이 재밌다고 말하는 아이가 있을 수 있다. 그러면 부모는 아이의 말을 믿고 학원이 놀이 중심 교육을 한다고 착각해 계속 학원에 보낼지도 모른다. 그러나 이런 경험이 누적된 아이들은 수동적인 태도에 길들여지고, 도전적이고 창의적인 생각보다는 정답을 찾거나 어른의 의도에 부합하는 행동을 하고자 노력하는 아이가 될 것이다.

따라서 부모는 놀이 중심의 학원을 보내는 것이 진짜 놀이를 하는 것이라는 생각을 버려야 한다. 또한 내 아이가 어떤 놀이를 좋아하고 어떤 놀이를 할 때 정말 즐거워하는지, 어떤 놀이에 몰입하는지 등을 잘 살펴보고 아이가 좋아하는 놀이를 함께 해주면서 진짜 놀이를 하도록 지지하는 태도가 필요하다. 진정한 진짜 놀이를 통해 아이들은 놀이를 놀이 자체로 즐기고, 그 안에서 행복함을 느낄 수 있다.

또한 아이들에게 충분한 놀이 시간을 제공하고, 놀이 공간에 제약을 두지 않고 놀잇감도 제한하지 않으면서 진정한 놀이를 할 수 있도록 환경을 마련해 주어야 한다. 아이들은 경험한 것을 놀이를 통해 나타낸다. 동물원에 다녀온 후 동물원에서 보았던 동물들을 세워놓고 이야기하고, 세차장에 다녀온 후 털이개를 가져다 블록 위에 놓고 모든 차들을 그 밑으로 지나가게 하는 것과 같이 본 것을 그대로 따라 하면서 놀이한다. 이런 놀이에서 아이의 집중하는 모습을 볼 수 있을 것이다.

자연과 함께하는 바깥놀이가
미래 인재의 힘이다

여러분은 어릴 때 자연에서 맘껏 놀았던 기억이 있는가? 산과 들을 뛰어다니며 풀과 나무와 흙을 가지고 놀이하는 것에 얼마나 큰 기쁨과 만족을 느꼈는지 기억해 보자.

요즘 아이들은 자연과 함께 하는 놀이보다는 디지털 기기를 갖고 노는 시간이 더 많을 것이다. 아이를 데리고 자연으로 바깥놀이를 나가보자. 자연에는 디지털 기기로는 느낄 수 없는 다양한 즐거움이 있고, 놀이를 통해 미래 사회에 필요한 능력을 키울 수도 있다.

자연과 함께하는 놀이에는 놀잇감이 따로 없다. 자연물은 원래 놀잇감이 아니기 때문에 문제 해결력과 창의력을 발휘해야 한다. 집을 만들며 놀고 싶다면, 재료로 쓸 만한 나무 토막들을 찾아야 하고, 신체 놀이로 칼싸움을 하고 싶다면 긴 나뭇가지를 찾아야 한다. 돌멩이가 있다면, 돌멩이가 UFO가 되는 상상을 할 수 있고, 돌멩이로 울타리를 만들 수도 있고, 돌멩이로 게임을 위한 경계선을 표시할 수도 있다. 돌멩이를 가지고 하는 놀이는 무궁무진하게 생각해 낼 수 있다. 이렇듯 자연에서 놀이를 하는 것은 아이의 창의력과 상상력, 문제 해결력을 키우는 데 매우 도움이 된다.

대부분의 자연 놀이는 혼자보다는 여러 명이 어울려 하기 때문에 자연 놀이를 많이 하는 아이들은 사회성이 발달한다. 아이들끼리 자연 속에서 놀기 위해서는 먼저 어떤 놀이를 할지, 놀이의 규칙을 어떻게 정할지 서로 의견을 나눠야 한다. 그리고 놀이를 잘해 나가기 위해 협력할 뿐만 아니라 놀이하다 발생하는 다툼이나 갈등을 해결하기 위해 타협하고 설득도 해야 한다. 그래서 자연 놀이를 많이 한 아이들은 대인 관계 기술이 발달하고 건강한 자존감을 갖게 되어 이후 타인과 더불어 사는 능력이 최적화되게 발달한다. 확실한 것은 자연 놀이를 많이 하는 아이들은 디지털 기기만 가지고 논 아이들보다 감정 조절도 더 잘하고 사람들과 지내는 것에 더 익숙하다는 점이다.

또 자연 놀이는 아이들에게 자연을 대하는 건강한 태도를 갖도록 해준다. 놀잇감이 되어주는 자연물을 소중히 여기게 되고, 놀이하는 공간이 되는 자연을 자기 삶의 중요한 공간으로 느끼게 된다. 자연과 공존하는 법을 배우는 것은 미래 사회에 꼭 필요한 태도이다.

하지만 주로 도시에 사는 아이들이 많은 우리나라 현실에서는 자연 놀이는커녕 아이들이 자유롭게 놀 공간조차 부족하다는 목소리가 크다. 아파트 단지 내 놀이터나 공공 놀이터가 있지만, 시설은 천편일률적이고 면적은 아이들이 뛰어놀기에 충분하지 않은 경우가 많다. 놀이터 말고는 놀이를 할 장소가 마땅하지 않으니 그나마 주어진 곳에서 놀아야 할 형편이다. 아이들은 마음껏 즐기고 상상할 수 있는 공간이 있을 때, 그 안에서 스스로 놀이를 만들어간다. 아이들이 충분히 뛰어놀 수 있는 공간을 마련해 주는 것이 필요하다.

　독일의 생태 도시인 프라이부르크의 경우, 도시 자체가 아이들에게 놀이터이다. 이 도시의 스로건은 '어린이를 위해 심장이 뛰는 도시'이다. 150개가 넘는 놀이터에는 우리나라처럼 거대한 놀이 기구가 설치되어 있지 않다. 놀이 기구는 철봉이나 그네 같은 간단한 것이 전부이고, 주로 흙, 물, 바위, 나무둥치 등이 자리를 차지하고 있다. 이곳에서 아이들은 매일 새로운 것을 만들고 부수고 또 만든다. 흙과 모래, 물, 나뭇가지, 나뭇잎, 돌 같은 자연물은 아이들에게 무엇이든 만들 수 있고 꾸밀 수 있는 놀잇감이 된다. 아이들에게는 똑같은 놀이 기구나 놀잇감보다 열린 공간과 정형화되지 않은 놀잇감이 상상력과 창의력을 발휘하게 해주는 놀잇감이다.

🚶 바깥 놀이

계절 놀이
봄, 여름, 가을, 겨울에 피어나는 꽃과 나무, 곤충 관찰하기

돌과 바위놀이
바위 기어오르기, 돌멩이 크기대로 놓아보기, 돌멩이에 그림 그리기, 돌멩이로 얼굴 만들기

솔방울과 열매 놀이
떨어진 열매와 솔방울 분류하기, 솔방울과 열매로 소꿉놀이

나뭇잎 놀이
나뭇잎 주워서 조형놀이, 낙엽 이불 덮기, 나뭇잎으로 얼굴 만들기, 나뭇잎의 색깔이나 모양별로 분류해 보기, 나뭇잎 물감 만들기, 나뭇잎 피리 불기

흙 놀이
흙더미 깃발 쓰러뜨리기, 진흙으로 공 만들기, 흙에 물길 만들기, 두꺼비집 만들기, 흙을 체로 쳐서 고운 흙 만들기, 흙에 그림 그리기

아이가 좋아하는
놀이는 무엇일까?

대부분의 부모들이 아이들의 놀이를 어떻게 바라봐야 하는지, 아이의 놀이에 어떻게 참여해야 하는지 잘 알지 못해 어려움을 겪는다.

부모가 자녀와 놀이할 때 무엇이 중요한지 살펴본 연구에서는 '자녀의 놀이에 대한 부모의 인식'이 놀이를 통한 아이의 성장에 매우 중요한 영향을 미친다고 주장한다. 놀이에 대해 너무 어렵게 생각하지 말고 아이와 함께 즐겁게 놀고, 일단 부모 자신부터 놀이를 즐겨보자. 또한 유아의 놀이 경험은 부모와 밀접한 관련을 맺고 있다. 부모의 보호와 격려가 아이의 놀이 발달의 전제 조건임을 꼭 기억하면서 다음 방법으로 아이와 놀아보자.

· **아이가 놀고 싶은 공간과 분위기 만들어주기**

아이들에게도 자신만의 놀이를 할 수 있는 공간과 장소가 필요하
다. 베란다에 삼각 텐트를 치고 그 안에서 그림책을 보거나 역할
놀이, 좋아하는 장난감을 가지고 가서 놀이할 수 있게 한다.

· **놀이할 수 있는 충분한 시간 주기**

아이들이 여러 가지 놀잇감을 가지고 놀다 보면 방이나 거실을 어
지르기도 한다. 이때 부모가 자꾸 놀이 중에 정리하라고 한다면 아
이 입장에서는 '난 아직 다 못 놀았는데, 벌써 치워야 해?' 하면서
놀이 시간이 짧다고 느낄 수 있다. 정리정돈 시간을 갖는 것도 중
요하지만 아이가 충분히 원하는 만큼 놀 수 있게 시간을 주자. 정
리정돈은 놀이가 다 끝난 뒤에 하면 된다.

· **아이가 주도하는 놀이 경험 제공하기**

놀이하면서 상호작용을 할 때 가장 중요한 것은 아이의 놀이를 관
찰하고 아이의 이야기에 귀를 기울이는 것이다. 아이가 하는 말에
적절하게 반응해 주면서 대화가 자연스럽게 이루어지도록 한다.
부모와의 놀이 대화는 아이의 놀이를 풍성하게 해준다.

　한 가지 주의할 점은 아이가 하고자 하는 것을 허용하되, 규칙이
필요한 경우 놀이하기 전에 아이와 함께 규칙을 정하고, 반드시 그
규칙이 지켜지도록 도와준다.

・ 모든 놀이는 반복해서 경험하게 해주기

똑같은 까꿍놀이라 하더라도 손바닥 뒤에, 문 뒤에, 책 뒤에 얼굴을 가렸다가 까꿍을 하면 아이들은 다른 경험으로 인식한다. 또한 매일의 상황에 따라 같은 놀이라도 아이에게는 다른 의미로 받아들여지고, 다르게 반응할 수 있다. 놀이를 한 번 하는 것으로 끝내지 않고 반복적으로 하는 것은 중요하다. 매번 똑같이 하는 것이 아니라 조금씩 다르게 변형시켜서 하면 놀이가 확장되며, 아이는 다른 경험을 하게 되기 때문이다.

・ 생활용품을 활용해서 자연스럽게 놀이하기

아이들의 놀이는 장난감만 가지고 하는 것이 아니다. 일상생활에서 쓰는 여러 가지 물건을 활용하여 놀이를 할 수 있다. 생활용품인 컵, 신문지, 박스, 수건, 계란판 등이 놀이에 활용될 수 있다. 택배 박스 안에 들어가서 자동차 놀이를 할 수도 있고, 박스를 활용해 기차놀이를 할 수도 있다. 또 택배 박스나 물품을 모아놓고 택배 기사가 되어보는 역할놀이를 할 수도 있다. 신문지를 활용하여 신문지 이불 덮기, 신문지로 만든 인디언 치마를 걸치고 인디어 추장 놀이하기, 신문지를 나무판 대신 사용해서 태권도 발차기 놀이를 할 수 있다. 종이컵으로는 성벽을 쌓는 놀이 등을 할 수 있으며, 사각 화장지 통 안에 종이나 스카프를 넣고 하나씩 꺼내면서 스카프 놀이를 할 수도 있다.

• 신체를 활용한 놀이하기

가족들과 할 수 있는 다양한 신체 활용 놀이가 있다. 발등 위에 아이를 올라서게 하고 음악에 맞춰 걷기, 누워서 아이를 비행기 태워주기, 무등 태워주기, 몸으로 모양 및 글자 만들기, '나처럼 해봐라' 노래를 부르면서 동작 따라 하기 등을 할 수 있다. 빨래 바구니에 공 넣기, 공 던지면 빨래 바구니로 받기 등 도구를 사용하면 더 다양한 신체 놀이를 할 수 있다. 또 큰 수건 위에 아이가 앉고 부모가 앞을 잡고 끌어주는 수건 썰매놀이를 할 수 있다. 얼음땡, 사방치기, 딱지치기, 제기차기, 공기놀이, 다방구 같은 전래놀이도 신체 놀이로 좋다.

• 아이가 놀이에 관심이 없을 때는 부모가 놀이하는 모습 보여주기

아이가 놀이에 흥미나 의욕이 없어 보인다면, 억지로 놀이를 하자고 이끌기보다는 부모가 먼저 재미있게 놀이하는 모습을 보여준다. 놀이의 시범을 보이거나 다른 시도를 해 보이는 것만으로도 아이는 놀이에 흥미를 갖는다. 예를 들면, 아이가 스케치북에 그림 그리기 놀이에 흥미를 갖지 않을 때 부모는 익숙한 스케치북 대신 벽에 큰 종이를 붙여놓거나 바닥에 전지를 깔아놓고 먼저 그림 그리기를 시도할 수 있다. 아이는 새로운 재료와 방식에 흥미를 보일 것이다. 아이가 놀이에 관심이 없을 때는 가볍게 끝말잇기나 수수께끼 등의 놀이를 하는 것도 좋은 방법이다.

• 아이의 놀이 기록하기

아이가 놀이하는 모습을 사진이나 동영상으로 기록하는 것은 부모와 아이에게 모두 도움이 된다. 부모는 아이와 놀이했던 기록을 보면서 아이의 성장이나 발전을 확인할 수 있고, 아이의 놀이 특징이나 성향을 분석할 수 있다. 아이 입장에서도 다시 보면서 자신의 놀이를 더 발전시키는 데 도움을 얻을 수 있다.

• 아이가 놀이할 때 적절한 감정 표현 해주기

아이와 함께 놀이할 때는 아이를 칭찬하고, 감탄해 주고, 아이의 말과 생각에 맞장구를 쳐주는 것이 필요하다. 또한 아이가 놀이를 통해 자신의 감정을 정확하게 표현할 수 있도록 기회를 만들어주어야 한다.

엄마 아빠가 함께하는 공동 양육이 아이를 성장시킨다

자녀를 키우는 일은 부모 중 한 사람의 일이 아니라 부모 공동의 일이다. 그러나 여성가족부의 2023년 가족 실태 조사에 따르면, 자녀의 일상생활 돌봄을 아내가 하는 비율은 78.3퍼센트로 아직도 높았다. 통계청의 2024년 사회조사를 봐도 가사 분담을 공평해야 한다고 응답한 사람은 68.9퍼센트에 이르지만, 실제로 공평하게 하고 있다고 응답한 여성은 23.3퍼센트로 낮게 나타나 인식과 실제에는 차이가 있음을 보여준다.

부모 공동 양육은 부모 역할 수행에도 자신감을 주며, 자녀의 또래 간 유능성 발달, 정서 조절 능력, 자아 탄력성 발달 등 사회·정서적 발달에 도움을 주고 문제 행동도 줄여준다. 부모 공동 양육, 특히 아빠의 양육 참여는 교육적으로도 이점이 있다. 영국 뉴캐슬

대학교 연구진이 아빠의 양육 참여가 자녀 발달에 미치는 영향에 대해 분석한 결과, 어린 시절에 아빠와 독서나 여행 등 재미있고 가치 있는 시간을 보낸 사람들은 그렇지 않은 사람들보다 지능지수와 인지 발달이 높게 나타났고, 사회성이 좋고, 정서적으로도 안정된 것으로 나타났다. 또한, 미국 노스캐롤라이나대학교 연구팀에 따르면, 자녀에게 다양한 언어를 사용하는 아빠를 둔 아이는 언어 능력이 향상됐다.

부모 공동 양육이 여러 모로 바람직하지만, 현실은 그렇지 못한 경우가 많다. 그렇다고 양육 참여를 두고 서로를 비난하거나 역할을 침해할 경우, 서로에 대한 신뢰감이 떨어진다. 특히 엄마가 아빠의 양육 참여를 지지하지 않거나 아빠가 할 수 있는 역할까지 도맡아 해버리면 아빠는 양육에 대한 자신감이 떨어지고 더 적은 시간을 가사 노동과 양육에 사용하게 된다.

자녀 양육에 대한 의사결정을 함께하고, 서로 긍정적으로 반응해 주고 지지해 줄 때 아빠 또한 생활지도나 학습지도에 적극적으로 참여할 수 있다. 남편이나 아내가 서로의 장점을 생각하는 시간은 생각보다 많지 않다. 상대방의 특성과 장점을 살려서 양육의 역할을 분담하고, 부부간 양육관에 대한 이해 및 소통을 위해 하고 싶은 이야기를 편지로 써 전달하는 시간을 갖거나 서로의 장점을 적어보는 시간을 갖는 것도 좋은 방법이다.

🚶 부모 공동 양육 점검하기

다음 질문들은 부모가 함께 자녀 양육에 얼마나 잘 참여하는지 알아보는 공동 양육에 대한 질문이다. 부부가 각각 질문에 응답해 본 후 서로 이야기를 나누어 보자.

공동 양육 척도는 4개 요인 총 24개 문항으로 되어 있다. 구체적으로 보면, 부모가 공동 양육을 서로 지지하고 있는지 묻는 지지 요인의 문항 7개, 배우자의 책임감과 능력을 믿지 못해 배우자의 양육 권위를 침해하고 있는지 점검하는 침해 요인의 문항 7개, 자녀 양육과 관련해 자녀 앞에서 배우자와 갈등을 빚고 있는지 묻는 갈등 요인의 문항 5개 문항, 배우자와 자녀 양육과 관련해 대화하고 정보를 공유하는지 묻는 소통 요인의 문항 5개다. 전체 합산 점수가 높을수록 공동 양육이 잘 이루어진다는 것을 의미한다.

••• 공동 양육 척도

요인	항목	매우 그렇다	그렇다	그렇지 않다	전혀 그렇지 않다
지지	1) 배우자는 아이를 잘 양육하는 방법을 알고 있다.	④	②	③	④
	2) 배우자는 시간이 날 때면 충분히 적극적으로 양육에 참여하려 한다.	④	②	③	④
	3) 배우자와 나는 부모로서 좋은 한 팀이다.	④	②	③	④
	4) 나는 일반적으로 양육과 관련해 배우자와 잘 협력하고 있다.	④	②	③	④

요인	항목	매우 그렇다	그렇다	그렇지 않다	전혀 그렇지 않다
지지	5) 배우자는 내가 양육을 좀 더 수월하게 할 수 있도록 도와 준다.	④	③	②	①
	6) 내가 부모로서 어찌할 바를 모를 때, 배우자는 내게 필요한 도움을 준다.	④	③	②	①
	7) 배우자와 나는 양육과 관련된 일을 서로 타협하여 상황에 맞게 분담한다.	④	③	②	①
침해	8) 배우자는 양육이 오로지 내 책임이라고 생각하는 것 같다.	①	②	③	④
	9) 배우자는 내가 아이를 양육하는 데 방해가 된다.	①	②	③	④
	10) 나는 배우자의 부족한 양육기술과 시행착오를 참아내지 못한다.	①	②	③	④
	11) 나는 부모로서의 배우자의 능력을 믿지 못한다.	①	②	③	④
	12) 나는 배우자가 아이에게 부정적인 영향을 준다고 생각한다.	①	②	③	④
	13) 나는 배우자가 아이와 단둘이 있는 것이 불안하다.	①	②	③	④
	14) 양육과 관련해 배우자는 내 기대에 미치지 못한다.	①	②	③	④
갈등	15) 나는 아이가 보는 앞에서 배우자에게 빈정대거나 상처 주는 말을 한다.	①	②	③	④

요인	항목	매우 그렇다	그렇다	그렇지 않다	전혀 그렇지 않다
갈등	16) 배우자와 나는 아이가 보는 앞에서 말다툼을 한다.	①	②	③	④
	17) 나는 배우자에게 아이가 들릴 정도로 큰소리로 화를 낸다.	①	②	③	④
	18) 나는 아이가 보는 앞에서 배우자의 양육 방식에 대해 비판한다.	①	②	③	④
	19) 나는 배우자에게 부모로서의 모습에 대해 비난하거나 비꼬는 말을 한다.	①	②	③	④
소통	20) 아이에게 문제가 생겼을 때 배우자와 나는 함께 좋은 해결 방안을 생각해 본다.	④	③	②	①
	21) 배우자와 나는 양육과 관련된 문제에 대해 서로의 의견을 묻는다.	④	③	②	①
	22) 배우자와 나는 양육과 관련된 정보를 서로 공유한다.	④	③	②	①
	23) 배우자와 나는 아이를 양육하는 최선의 방법이 무엇인지에 대해 자주 의논한다.	④	③	②	①
	24) 내가 배우자에게 아이에 대해 이야기할 때 배우자는 잘 들어준다.	④	③	②	①

출처: 양예진. 부모 공동 양육 척도 개발

아이와 함께
놀이하기 좋은 놀잇감

아이가 요구하고 좋아하면 모든 놀잇감이 좋은 놀잇감이 될까? 놀 잇감을 선택하고 그것으로 놀이하는 자유는 아이에게 있지만 어떤 놀잇감을 제공할지는 부모의 분별력과 지혜가 필요하다.

어느 날 아이들이 갖고 놀 놀잇감이 사라진다면 어떤 일이 벌어 질까? 한 유치원의 5세 반에서 모든 가구와 놀잇감을 모두 치워버 리고 텅 빈 교실에서 아이들을 맞이해 보았다. 아이들은 낯선 상황 에 당황했지만 이내 몸으로 놀이를 시작하며 하루를 즐겁게 보냈 다. 아이들은 놀잇감이 없으면 자연물을 모아 오기도 하고, 신문지 나 박스 같은 재활용품을 이용해 놀이하기도 했다.

좋은 놀잇감은 발달 단계에 맞는 자극을 제공해야 하고, 아이들 의 흥미, 창의력, 상상력, 감성을 자극하는 놀잇감이어야 한다. 또

281

한 구조화된 놀잇감보다는 여러 가지 놀이를 만들어내는 비구조적인 놀잇감, 스스로 조작해 보고 시행착오를 경험하면서 탐색과 문제 해결의 기회를 제공하는 놀잇감, 다양한 도구나 생활용품 등이 놀잇감이 될 수 있다.

• 생활용품을 활용한 놀잇감

일상생활에서 쓰는 계란판, 종이컵, 휴지 심, 헤어롤 등이나 수건, 접시, 컵 같은 주방 용품은 놀이에도 활용 가능하다. 계란판과 휴지 심은 쌓기 놀이에서 블록과 함께 활용 가능한 개방적인 놀잇감이다.

• 자연물을 활용한 놀잇감

나무, 돌, 풀, 흙 등 모든 것이 놀잇감이 될 수 있다. 솔방울, 나뭇잎 등으로 여러 가지 만들기, 음식 만들기, 자연물 관찰하기 등을 할 수 있다.

• 다양한 도구를 활용한 놀잇감

색 모래 놀이, 스카프 놀이, 줄을 활용한 놀이(제기차기, 줄넘기), 공이나 천을 활용한 놀이(파라슈트, 천 썰매, 공을 던져서 그물망에 넣기), 표현 놀이, 상자 놀이 등이 있다.

• 마음대로 변형이 가능한 놀잇감

변신 로봇 장난감이나 소리가 시끄럽고 당장 자극을 주는 장난감보다는 쌓기 블럭이나 자석 장난감과 같은 비구조적인 놀잇감이 좋다. 마음대로 변형할 수 있는 단순한 놀잇감이 놀이를 더 다양하게 만들어준다.

• 역할놀이나 상상 놀이가 가능한 놀잇감

놀이를 하면서 상호작용을 활발하게 할 수 있다. 천을 활용한 놀이, 캠핑놀이 등이 있다.

• 다양한 감각을 자극할 수 있는 놀잇감

악기를 연주하며 놀이를 할 수 있고, 냄비나 바구니 등을 활용해 생활용품을 쏟고 담으며 놀이를 하면 보고, 듣고, 만지며 오감을 자극할 수 있다.

• 전통놀이 놀잇감

사방치기, 투호, 색동실, 공기놀이, 윷놀이, 판제기, 고리 던지기, 투호, 전통 팽이, 팽이판, 활쏘기 등으로 놀이할 수 있다.

연령별 놀잇감 선택의 기준과
추천 놀잇감

유아에게 놀이는 자연스러운 학습의 형식이며 적절한 놀잇감(놀잇감을 장난감이라고 하는 경우도 많은데 놀잇감이 더 적합한 표현이다)은 흥미와 동기 유발, 소통 능력, 정보처리 능력을 발달시키는 데 중요한 역할을 한다. 그러므로 연령에 맞는 놀잇감을 선택하는 일이 매우 중요하다. 아이가 놀잇감을 갖고 놀 때는 세심한 관찰이 필요하다. 놀이 방법이 고정되어 있지 않은지, 혼자 놀 때 어떤 행동을 보이는지, 친구들과 어울려 놀 때 문제는 없는지, 좋아하는 것은 무엇인지 등을 세심하게 살펴야 한다.

••• 0~6개월

젖먹이 아기는 주의집중이 어렵고 운동 기능 또한 한정되어 있다. 그러나 시각과 청각, 촉각은 느낄 수 있으므로 보고, 듣고, 입으로 빨고, 손으로 쥐고 만질 수 있는 놀잇감이 좋다.

* 침대나 놀이 공간에 고정할 수 있는 깨지지 않는 거울
* 인형과 봉제 동물 놀잇감
* 모빌, 소리가 나면서 돌아가는 시각적인 물체
* 아기들이 손으로 치거나 발로 찰 수 있는 놀잇감
* 손잡이가 있거나 손목, 발목 등에 차는 딸랑이나 종

① 사회적이고 상상적인 놀잇감

⋯ **거울**

거울은 아기가 좋아하는 놀잇감이다. 2개월 된 아기도 거울에 비친 자기 모습을 보는 것을 좋아하며, 3개월이 되면 자기 모습을 보고 미소를 짓기도 한다. 아기들이 보기에 편하도록 침대 한쪽 면에 단단히 고정해 둔다. 안전을 위해 깨지지 않으면서 예리한 부분이 없는 것을 선택한다.

⋯ **인형**

아기들은 손에 쥘 수 있는 부드러운 천 인형을 좋아한다. 특히 인형의 눈을 좋아하고 밝은색과 패턴이 들어간 무늬를 좋아한다. 따라서 몸체와 장식이 최소화되고 얼굴의 각 부분이 또렷한 것이 좋다. 흔들었을 때 소리가 나고 길이는 20~33센티미터의 크기가 적합하다. 주의할 점은 인형의 눈이 아기가 잡아뗄 수 없는 것이어야 한다. 단추 눈은 떨어지기 쉽기 때문에 피한다.

⋯ **봉제 동물 놀잇감**

아기들은 작은 동물 모양의 놀잇감을 손으로 쥐고, 입으로 빨며, 흔들어 소리 내어보는 것을 좋아한다. 인형의 눈과 코가 쉽게 떨어지지 않게 고정된 것이 좋으며 털이 너무 많으면 안 되고 반드시 물로 빨 수 있어야 한다. 손으로 누르거나 흔들었을 때 안에서 소리가 나는 것을 아주 좋아한다.

② 탐구 능력과 기능 발달을 위한 놀잇감

⋯ **모빌**

6개월 미만의 아기에게 가장 적합한 놀잇감이다. 천정이나 아기의 눈높이에 맞게 모빌을 달아준다. 아기는 눈으로 매달린 물체를 탐색하고, 눈의 초점을 맞추고, 물체를 눈으로 따라가는 기능을 훈련한다. 생후 3개월 이전에는 모빌이 너무 멀리 떨어져 있으면 안 되고 약 35센티미터 이내에 달아둔다. 모빌에 달려 있는 물체들은 아기가 누워 있는 상태에서 잘 보이도록 매단다. 복잡하게 많이 다는 것보다 적더라도 형태가 분명한 것이 좋다. 색상은 선명하고 흑백의 대비 무늬가 있는 것이 좋으며, 가만히 있는 것보다 움직이면서 소리가 나는 것이 더 좋다.

★★ 그 밖에 딸랑이, 치아를 튼튼하게 해주는 치아 발육기 형태(아기들이 잇몸 등에 문

지르면서 노는 것)의 놀잇감, 아기가 손이나 발로 건드리면 시청각적으로 효과가
나타나는 놀잇감도 좋다.

••• 7~12개월

이 시기는 운동 능력이 발달하여 여러 가지 놀잇감을 탐색하고 싶어
한다. 제법 긴 시간 동안 사물을 탐색할 수 있다. 기어 다니기, 잡고 서
기, 혼자 서기, 초보 걷기가 시작되는 시기이다. 이 시기에 우선적으로
고려해야 할 사항과 놀잇감은 다음과 같다.

* 아기가 자신이 움직이는 모습을 볼 수 있는 크고 안전한 거울
* 부드럽고 세탁이 가능한 인형과 봉제 동물 놀잇감
* 부드럽고 가벼운 블록
* 다양한 조작이 가능한 손에 쥐는 놀잇감
* 덤프트럭처럼 채웠다가 쏟아보는 놀잇감
* 천, 얇은 플라스틱, 두꺼운 종이로 만든 책
* 녹음된 음악, 노래, 재미있는 소리들
* 기어다니면서 밀거나 당길 수 있는 놀잇감
* 재미있는 효과를 내는 공 종류
* 아기가 기어오를 수 있는 스펀지나 우레탄 소재의 부드러운 계단형 놀잇감

① 사회적이고 상상적인 놀잇감

⋯ **거울**

거울은 이 시기 아기에게도 매력적인 놀잇감이다. 아기가 앉고, 기고, 걷기 시
작하는 것을 스스로 볼 수 있도록 벽에 부착한다. 혹 아기가 거울에 부딪쳐도
깨지지 않아야 하며 일그러짐 없이 단단하게 고정해야 한다.

⋯ **봉제 인형과 동물 놀잇감**

벨벳과 같은 천으로 만든 동물 인형을 꼭 껴안고 뒹구는 것을 좋아한다. 부드러
운 고무 재질로 만들어진 동물 인형도 좋아하며 그것에 이름을 붙이기도 한다.

···→ 움직이는 교통 놀잇감

이제 아기는 앉거나 제법 움직일 수 있게 되어 손으로 잡거나 마루 위를 밀고 다닐 수 있는 자동차 종류의 놀잇감을 좋아한다. 아직 차 종류의 용도를 알지는 못하므로 그 구조가 정교할 필요는 없다. 바퀴가 커다란 것이 튼튼하고 잘 굴러다녀 좋아한다. 밀거나 굴렸을 때 소리가 나는 것이 흥미를 끌 수 있다.

② 탐구 능력과 기능 발달을 위한 놀잇감

···→ 물놀이 용품

아기가 혼자 앉기 시작하면서 물놀이를 아주 좋아하게 된다. 목욕을 할 때 욕조에 뜨는 물건을 넣어준다. 고무로 된 재질로, 누르면 소리가 나고 공기가 들어가 있어 뒤집어졌다가도 물속에서 다시 바로 서는 동물 모양을 좋아한다.

···→ 쌓기 놀이

블록과 같은 간단한 쌓기 놀잇감을 좋아한다. 블록은 천이나 속이 빈 플라스틱, 비닐 제품, 우레탄과 같은 고무 소재가 좋다. 블록의 크기는 아기가 쉽게 잡을 수 있고 운반이 가능해야 한다. 밝은 색상으로 동물 그림이나, 대비되는 그림이 패턴으로 그려진 것이 좋다. 한 번에 너무 많은 종류를 갖고 놀게 하기보다는 3~4개 정도가 적합하다.

···→ 그림 맞추기

흔히 퍼즐이라고 하며, 아기가 앉아서 손으로 쥘 수 있는 2~3개의 조각 정도가 좋다. 아직까지 전체 패턴을 짜맞추는 수준은 어렵고 바람직하지도 않다. 모서리가 둥글고 세척이 가능하며 밝은 색상이 대비되는 것으로 고른다.

···→ 책

이제 아주 초기 형태의 책을 볼 수 있다. 책은 6~8센티미터 이내의 작은 것으로, 가볍고 견고하며, 쪽수가 적어 쉽게 넘길 수 있어야 한다. 헝겊이나 비닐로 된 책이나 잘 찢어지지 않는 재질의 종이가 좋다. 그림은 단순해야 하며 아이에게 익숙한 사물, 아이가 좋아하는 동물이나 사람이 등장하는 것으로 선택한다.

③ 음악, 미술, 움직임을 위한 놀잇감

⋯▸ 미술

밝은 색상의 독성이 없는 크레용으로 종이에 끼적거려 보게 한다. 종이는 벽이나 바닥에 커다랗고 넓게 마련해 마음대로 낙서하게 한다. 큰 종이가 없으면 신문지 등도 좋다.

⋯▸ 음악

놀이를 할 때 음악을 틀어주는 것이 좋다. 마라카스, 캐스터네츠와 같은 작은 악기를 보여주고 소리를 내보게 한다.

⋯▸ 움직임을 위한 놀잇감

부드러운 재질로 된 공을 함께 굴려본다.

④ 대근육 발달을 위한 놀잇감

⋯▸ 간단한 조작 놀잇감

딸랑이나 입으로 빠는 컵에는 더 이상 관심이 없다. 싱크대 아래쪽을 열고 냄비 등 온갖 그릇을 끄집어내는 활동도 자주 관찰된다. 물건을 떨어뜨리고 나서 굴러가는 상황을 보거나 물건을 헤쳐 놓고 다시 원 상태로 만드는 것을 좋아한다. 이 시기의 아이들은 물건을 잡아당기고, 밀고, 구기고, 쥐고, 비비고, 빨고, 찢고, 쳐보기를 좋아한다. 또 물건을 이리저리 굴려보고, 쥐어보고, 비틀어보고, 잡아보는 것도 좋아한다.

통 안에 물건을 집어넣었다가 쏟기, 덤프트럭 같은 장난감 차에 조그마한 플라스틱 조각들을 실었다가 쏟아내기, 플라스틱 구슬 꿰기, 큰 플라스틱으로 된 끼우기 놀잇감, 열쇠고리, 비치볼, 누르면 튀어 오르는 조작 놀잇감이나 바닥에 기어다니면서 느껴보거나 그림을 볼 수 있는 천으로 만든 패드 등이 좋다.

밀고 당기는 놀잇감도 아주 적합하다. 단, 1세 미만의 아기는 매우 단순한 운동 능력을 가졌으므로 다이얼 돌리기나 스위치, 손잡이가 정교한 놀잇감은 다룰 수 없다.

••• 초기 걸음마기(1세)

걸음마기에 접어들면 아이들의 움직임이 점차 활발해지고 자기 자신의 운동 기술을 사용해 보고 싶어 한다. 호기심이 매우 강해 끊임없이 물건을 탐색한다. 혼자서도 잘 놀지만 엄마와 함께 노는 것을 좋아한다. 또래에게 관심을 보이기는 하지만 같이 어울리지는 않는다. 이 시기의 놀잇감 관련 기본 요소는 다음과 같다.

* 간단한 교통 놀잇감(자동차, 트럭 등)
* 18개월부터 간단한 물놀이, 모래 놀이
* 꼭지가 있는 3~5개 조각의 퍼즐
* 색깔 있는 구슬이나 줄에 꿰는 구슬
* 모양에 따라 분류, 쌓기, 겹겹이 넣기
* 누르면 튀어나오는 놀잇감(요술상자)
* 큰 종이와 독성이 없는 밝은 원색의 크레용
* 단순한 악기 세트
* 밀고 당기는 놀잇감
* 낮고 부드러워 아기가 안전하게 오르내릴 수 있는 계단과 기어들어갈 수 있는 터널

① 사회적이고 상상적인 놀잇감

⋯ 거울

이제부터는 전신이 보이는 거울이 좋다. 특히 깨지지 않아야 하며 더욱 단단하게 고정되어야 한다. 약 20개월 정도가 되면 자신에 대한 관심이 높아져 옷을 입어보거나 모자를 쓰고 거울에 비춰보길 즐긴다. 새로운 옷을 입혔을 때 거울을 보여주면서 이야기를 나누면 좋다. 또한 여러 가지 물건을 거울에 비춰보면서 이야기를 나눠도 좋다.

⋯ 인형

부드러운 봉제 인형들은 이 시기 아기들에게도 적합하다. 걸음마기에 접어들면 인형을 가지고 상상 놀이를 시작하므로 실제 모습에 가까운 아기 인형이 좋다. 눈이 움직이거나 머리카락이 많은 인형은 세척이 어렵고 아이가 무서워할 수 있으므로 피한다. 옷을 갈아입히는 인형보다는 옷이 입혀져 있는 단순한 인형이 좋다. 그 밖에 담요, 아기 젖병과 컵 같은 소품들은 아이의 상상 놀이를 촉진해 줄 수 있다.

⋯ **소꿉 놀잇감**

역할놀이가 1~2세 사이에 시작된다. 놀이용 전화기로 이야기하고 인형에게 음식을 먹이며 목욕을 시키는 흉내를 낸다. 2세가 가까워질수록 가족 놀이에 관심을 갖게 된다. 인형, 봉제 놀잇감, 인형을 위한 우유병, 인형 침대, 담요, 유모차, 놀이용 전화기, 소꿉놀이용 부엌용품 등이 있다.

⋯ **교통 놀잇감**

8~12개월 사이의 아이들은 자동차, 트럭, 비행기, 배 같은 교통 놀잇감에 흥미를 보인다. 차나 트럭은 크기가 15~20센티미터 이내로 아이 스스로 쉽게 옮길 수 있어야 한다. 부드러운 플라스틱이나 단단한 고무 재질이 좋다. 1세나 1세 반 정도가 되면 플라스틱이나 나무로 된 기차를 좋아한다. 장난감 트럭에 물건을 넣어서 운반할 수 있는 것도 좋아하며 이런 놀잇감은 가상 놀이의 좋은 소재가 될 수 있다.

② **탐구 능력과 기능 발달을 위한 놀잇감**

⋯ **모래 놀이, 물놀이**

1세부터 1세 반의 걸음마기의 아기에게는 물에 뜨는 작은 물건이 적합하다. 겹겹이 들어가는 컵 종류, 깔때기, 여과기, 물뿌리개 등을 좋아한다. 물에 떠 있는 장난감, 물고기 잡기, 물건을 보트에 실었다 빼내는 놀이를 매우 흥미로워한다. 물놀이 재료는 가볍고 깨지지 않는 고무나 플라스틱이 좋다. 스펀지는 아기들이 입에 넣고 씹을 수도 있으므로 적합하지 않으며, 나무 재료는 아기들이 조작하기에 무거울 수 있다.
모래 놀이는 삽, 무딘 갈고리, 양동이와 그 밖의 작은 용기가 적합하다.

⋯ **쌓기 놀잇감**

이 시기가 되면 2~3개 정도의 물건을 결합할 수 있다. 따라서 가벼운 블록은 만 1~1세 반의 영아에게 아주 적합한 놀잇감이다. 적은 수로 가장 단순한 형태의 연결을 할 수 있는 것이 적합하다.

··· 퍼즐(그림 맞추기)

1세 무렵이면 2~3조각의 쉽게 맞출 수 있는 퍼즐을 선호한다. 아직도 입에 넣고 빨 수 있기 때문에 독소가 없고 물에 쉽게 씻을 수 있는 플라스틱 제품이 좋다. 1세 반경이 되면 3~5조각으로 된 단순한 퍼즐, 형태 맞추기 등을 할 수 있다. 퍼즐 위에 달려 있는 꼭지도 유용하므로 꼭지가 있는 것을 선택하되 블록에 단단하게 접착되어 있는 것이 좋다.

··· 옷 입히기, 끈 꿰기 등의 놀잇감

1세 반이 되면 엄지와 검지로 잡는 능력이 발달하여 끈으로 연결하거나 구멍이 나 있는 것들을 서로 연결하기를 좋아한다. 끼워 맞추기, 조각을 흩어놓았다가 다시 맞추기와 같은 놀이에 관심을 갖게 된다. 뚜껑이나 문을 여닫을 수 있고 다이얼, 스위치, 손잡이를 조작할 수 있다. 이러한 활동들은 모두 감각 능력과 손의 협응력을 도와서 운동 기능 발달을 도와준다. 누르면 튀어나오는 놀잇감 모양 분류하기, 형태 맞추기 등이 재미있다. 망치 모양의 탕탕 치는 놀잇감, 용기 속에서 물건을 찾아내거나 쏟거나 담는 활동도 좋아한다. 10개 이하의 크고 색이 있는 구슬을 꿰어보는 놀이도 좋다.

③ 대근육 발달을 위한 놀잇감

··· 밀고 당기는 놀잇감

아기가 걷기 시작하면 바퀴가 네 개 달리고 손잡이가 있어 아이 스스로 밀 수 있는 놀잇감을 선호한다. 특히 아이가 놀잇감을 밀다가 마치 토끼가 뛰는 것 같은 행동을 하게 되면 한층 흥미를 느끼는데 이는 걷기에도 도움이 된다. 밀고 당기는 놀잇감은 넘어졌을 때 다치지 않도록 주의해야 한다. 아기가 밀고 다니는 작은 놀이용 유모차는 아기의 상상 놀이를 돕는다. 끌고 다니는 끌차는 개방되어 있어서 아이가 쉽게 짐을 싣고 빼낼 수 있어야 한다. 무엇보다 안전을 위해 모든 모서리가 둥글게 마감돼 있어야 한다.

··· 기어올라갈 수 있는 놀잇감

1세경의 아이들은 대부분 걷기 시작하면서 계단을 기어오르기 시작한다. 기어오를 수 있는 계단이나 기어들어가는 터널 같은 것도 좋다. 단, 계단을 올라가지만 내려오는 것은 어려워한다.

••• 후기 걸음마기(2세)

2세가 되면 신체를 활발하게 사용하는 큰 움직임의 놀이를 좋아한다. 그리고 조금 더 발전한 가상 놀이를 할 수 있다. 인형에게 음식을 먹이고 침대로 데려가서 재우는 등의 다양한 활동을 한다. 블록이나 다른 물건을 가지고 순서에 맞게 배열하거나 패턴을 만들 수 있다. 미술 활동도 활발해져서 찰흙, 낙서할 수 있는 종이, 밀가루 반죽, 모래 등이 이 시기 아이들의 흥미를 끈다. 또한 표현 능력이 점차 발달해 가상 놀이, 역할놀이에 관심을 갖는다. 이 시기의 놀잇감 관련 요소를 정리하면 다음과 같다.

* 깨지지 않는 전신 거울
* 옷, 소품을 포함한 역할 놀잇감-인형 침대, 유아용 가정용품과 냉장고, 그릇과 냄비 청소 도구 등
* 나무, 플라스틱, 고무나 비닐로 만들어진 사람이나 동물 모형 놀잇감
* 블록과 함께 사용하는 탈것(차, 트럭), 유아가 탈 수 있는 크기의 트럭 등
* 모래 놀이, 물놀이 테이블과 용품
* 한 세트로 된 유니트 나무 블록과 플라스틱 블록 ,우레탄 블록 등의 쌓기 놀잇감
* 퍼즐 세트
* 끈에 꿰는 큰 구슬, 끈을 끼울 수 있는 큰 구멍이 있는 단추 끼우기 등의 놀잇감
* 그림책
* 크레용, 물감, 붓, 찰흙과 밀가루 반죽, 가위, 색종이
* 차고 던지고 잡을 수 있는 큰 공
* 발로 밀고 다닐 수 있는 안정적인 탈것
* 기어오를 수 있는 낮은 계단과 미끄럼틀

① 사회적이고 상상적인 놀잇감

⋯ 인형 등 역할 놀잇감

이 시기에는 인형 놀이가 활발해진다. 특히 소꿉놀이를 좋아하여 엄마 아빠 놀이를 많이 한다. 인형, 인형 액세서리(인형 목욕통, 인형 옷, 유모차 등), 주방 용품, 청소 도구 등을 마련해 준다.

··· **교통 놀잇감, 탈것**

이 시기에도 교통 놀이에 대한 흥미는 여전하다. 트럭, 자동차, 앰뷸런스 등 영아 시기에 장만해 둔 탈것들도 적합하다. 스프링을 이용해 튀어 오르는 흔들 말과 같은 놀이기구를 안정감 있게 탈 수도 있다. 페달을 사용하기에는 아직 어렵다.

··· **쌓기 놀이**

2~3세경부터 아이들은 구조물을 만들기 시작한다. 흔히 유니트 블록이라고 부르는 나무 블록이 적합하다. 여럿이 어울려 나무 블록을 갖고 놀 때는 그 수를 너무 적게 하기보다 50~60개 정도 마련하는 것이 좋다. 우레탄으로 만든 블록도 좋으며 속이 비어 있어 무게가 무겁지 않은 큰 블록도 구조물을 만들기에 유용하다.

··· **퍼즐(그림 맞추기)**

이 시기의 아이는 단순한 모양의 나무나 플라스틱 그림 맞추기를 할 수 있다. 2세 반 미만의 아이는 4~5조각 정도의 퍼즐이 알맞고 3세 정도가 되면 6~12조각이 알맞다. 꼭지가 붙어 있는 그림 맞추기가 좋다.

··· **그림책**

이 시기 아이들은 내용이 친숙하고 단순한 그림책을 좋아한다. 특히 내용이 반복되고 운율이 있는 것을 좋아한다. 이때는 누군가 책을 읽어주는 것도 좋아하지만 혼자서 책을 펼쳐보길 좋아한다. 입체적으로 만들어진 책도 권장한다.

··· **유아기(3~5세)**

3~5세가 되면 상당히 많은 능력들이 생긴다. 상상 놀이가 절정에 이르고 또래들과 극놀이, 협동 놀이를 활발하게 하게 된다. 주의집중 시간도 길어져 유치원에서 사용하는 모든 종류의 놀잇감이 유용하다. 실외놀이 및 운동기구, 물놀이 기구, 모래 놀이 기구, 쌓기 놀이 기구, 미술 활동과 창작 공예, 리듬악기 등 모든 소재가 놀잇감이다. 이 시기의 놀잇감 관련 기본 요소는 다음과 같다.

* 다양한 인물의 인형과 소품
* 역할놀이와 소꿉놀이를 할 수 있는 의상
* 쌓기 놀이 도구: 나무, 플라스틱, 우레탄 소재의 큰 블록과 액세서리(동물, 미니카, 교통신호 등)
* 물놀이와 모래 놀이 도구
* 이야기 퍼즐 맞추기
* 여러 가지 게임 조작 놀이 기구(도미노, 숫자 카드, 판게임 등)
* 다양한 그림책
* 미술과 공예를 위한 도구들
* 페달이 있는 세발자전거를 비롯한 다양한 탈것
* 실외 놀이 및 운동기구(종합 놀이터의 운동기구 등)
* 놀이집
* 리듬악기(탬버린, 실로폰, 북 등)

① 사회적이고 상상적인 놀잇감

··→ **인형**

인형을 가장 잘 활용하는 시기이다. 인형의 손과 발이 움직이고 단추와 지퍼 등이 달려 있어 옷을 갈아입힐 수 있는 것이 적합하다. 아이가 손가락을 이용해 직접 옷을 갈아입히면서 소근육이 발달된다. 상상 놀이를 할 수 있는 다양한 등장인물, 예를 들어 할아버지, 할머니, 엄마와 아빠, 동생이 있는 가족 인형이나 경찰, 운전기사, 파워레인저 같은 로봇 등도 적합하다.

··→ **소꿉놀이집**

이 시기의 유아들은 놀이집에서 소꿉놀이를 즐긴다. 놀이집은 가정, 병원, 가게, 학교, 경찰서 등 다양한 주제로 이용될 수 있다. 특히 주방 용품과 관련된 놀이 세트를 좋아한다. 이 밖에도 의사와 간호사 용품, 현금 등록기, 놀이용 돈, 음식 모형 등도 활발하게 사용하면서 놀이를 즐긴다.

② 탐구 능력과 기능 발달을 위한 놀잇감

··→ **모래 놀이, 물놀이**

모래 놀이와 물놀이는 이 시기 유아들이 가장 좋아하는 놀이다. 컵, 채, 깔때기, 물레방아 같은 다양한 도구를 적극 사용하여 상상 놀이를 즐긴다. 동물, 보트,

탈것 등의 놀잇감도 좋다.

⋯ 쌓기 놀이
블록 종류도 이 시기에 중요한 놀잇감이다. 블록을 쌓으면서 상상 놀이, 극놀이를 할 수 있다. 유니트 블록 역시 훌륭한 소재다. 할로우 블록도 집짓기에 좋은 재료다. 이 밖에 플라스틱 블록, 종이 판지 블록, 각종 끼우기 플라스틱 블록도 사용할 수 있다. 이제 블록의 개수가 많아도 관계없다.

⋯ 퍼즐(그림 맞추기)
개인차는 있지만 퍼즐 사용 능력이 크게 발달하여 이제는 12조각에서 50조각까지도 맞출 수 있게 된다. 종이 판지나 나무, 플라스틱 재질의 퍼즐이 좋다.

⋯ 책
책은 이 시기 아이들의 언어 발달의 기초를 마련하는 데 아주 중요한 매개체가 된다. 3세 유아는 책에 있는 대로 단어를 읽고 또 읽고 반복해서 들려주는 것을 좋아한다. 내용에 대한 질문을 해보고 나름대로 자신이 들은 내용을 설명하려고 한다. 4세는 유머가 있는 책, 드라마틱하면서 환상적인 이야기를 좋아한다. 5세는 거듭 반복해 듣고 싶어하는 이야기가 있다. 즉 자신만이 좋아하는 책이 생긴다.

★★ 놀잇감은 세트로 구입하는 것보다는 그때그때 아이와 상의해 하나씩 장만하는 것이 좋다. 또한 아이가 싫증을 내는 놀잇감은 슬쩍 치워 두었다가 아이가 다시 찾을 때 주는 것이 좋다. 특히 배터리로 움직이는 값비싼 로봇이나 기차는 조작이 단순해서 아이들이 쉽게 싫증을 낸다. 그럴 때 이 방법을 사용하면 효과적이다.

다시, 적기교육

초판 1쇄 인쇄 2025년 5월 7일
초판 1쇄 발행 2025년 5월 15일

지은이 이기숙 · 강숙현 · 강민정 · 강수경
펴낸이 김종길
펴낸 곳 글담출판사 **브랜드** 글담출판

기획편집 이경숙 · 김보라 **영업홍보** 김보미 · 김지수
디자인 손소정 **관리** 이현정

출판등록 1998년 12월 30일 제2013-000314호
주소 (04029) 서울시 마포구 월드컵로8길 41 (서교동 483-9)
전화 (02) 998-7030 **팩스** (02) 998-7924
블로그 blog.naver.com/geuldam4u **이메일** geuldam4u@geuldam.com

ISBN 979-11-91309-83-6 (03370)

만든 사람들
책임편집 이경숙 **교정교열** 김익선 **표지 · 본문 디자인** 손소정

글담출판에서는 참신한 발상, 따뜻한 시선을 가진 원고를 기다리고 있습니다.
원고는 아래의 투고용 이메일을 이용해 보내주세요. 여러분의 소중한 경험과 지식을 나누세요.
이메일 to_geuldam@geuldam.com